Adler Method

悩みの
9割が消えて
いく

もう他人に
振り回されない！

アドラー式「ストレスフリーな人」の7つのすごい！仕事術

Teruya Kuwabara
桑原晃弥 著

出版社

はじめに

「やりたいことはあるけど、忙しくて時間がない」

「副業を始めたくても、元手になるお金がない」

「今さらこの年で何かを始めるなんて」

「失敗した時、周りの人から『何やっているの』と笑われたくない」

「中途半端なことをやって、恥をかきたくない」


何かをやろうとした時、つい言い訳が先に立ってしまうあなたに贈ります。

◎言い訳ばかりの人生を今日、卒業しよう！

人生は、選択の連続だ。

その選択の連続が、今のあなたを形作っている。

何かを選択し（やった）、何かを諦めた（やらなかった）結果が、今のあなたであり、そう考えると、「１００％自分の思い通りに生きてきた」と言い切れる人など、まずいないはずだ。

「やる」「やらない」の話をすると、こんなことを言う人がいる。

「やらずに後悔するよりも、やって後悔する方がいい」

確かに、「やった」時よりも「やらなかった」時の方が後悔は大きいだろう。

ところが、「できない理由は100ほどもある」という言葉があるように、仕事でもプライベートでも「できない言い訳」「やらない言い訳」はいくらでも考えつくのが人間の性だ。

結果、目の前に「やりたいこと」があるにもかかわらず、あれこれ言い訳をして「やらないまま」終わってしまう。

しかし、そのままでは人生「やらない後悔」ばかりが積み重なることになる。

そんな後悔だらけ、ストレスだらけの生き方よりも、やっぱり「やって後悔する方がましだ」と一歩を踏み出す方がよくないだろうか。

ここで「そんなことを言われてもなあ」と、再び「言い訳」が頭をもたげてきた人も少なくないだろう。そんな人には、次の言葉を贈りたい。

「人は努力と訓練によって、何者にでもなることができる」

心理学者アルフレッド・アドラー（1870～1937）の言葉だ。

ここ数年、アドラーに関する本が多数出版され、同じ心理学者のフロイトやユングを凌ぐほどの人気となっている。

なぜ今、アドラーがこれほどまでに多くの人に支持されるのだろうか。

それは、**アドラーの提唱していることが、まさに「今」という時代に「生きる力」を与えてくれるからである。**

人の生き方は、遺伝や過去の出来事によって縛られるのではなく、自らが選択した目的に向かって、自らの力で切り開いていくもの、とアドラーは考えていた。

確かに、過去の出来事を変えることはできないし、周りにいる厄介な人たちを変えていくこともできない。

ところが、アドラーが言うように、あなた自身はあなたの意志でいくらでも変えることができるし、未来を変えていくこともできる。

そのために必要なのが、**やりたいことを言い訳をして諦めるのではなく、「人目を気にせずやってみる」というストレスフリーな考え方である。**

言い訳はそもそも「やりたい自分」を「やらないよう説得しよう」として、出てくるものだ。

だからこそ、何かをやろうとして言い訳が出てきた時は、「本当はやりたい」という心の叫びであり、「やってみなよ、というシグナルだ」と考えてみよう。

そして、まずは小さな一歩を踏み出すことだ。

人生で大切なのは、**「自分のやったことが正しいかどうか」ではなく、「『自分のやったことは正しかった』と言えるよう努力する」ことだ。**

そのためには、自分の意志で「こうしよう」「これをやってみよう」と選択すること。

それを続けるうちに、自分が少しずつ変化していく。その積み重ねが、ある日「自分の中に大きな革命を起こす」のだ。

やらない言い訳を考えているくらいなら、「どうすればできるか」を考えた方がはるかに楽しいし、前向きになれる。私はそう思います。

本書の執筆と出版には、笠倉出版社の三上充彦氏と新居美由紀氏、そして企画編集のＯＣＨＩ企画・越智秀樹氏・美保氏にご尽力いただきました。心より感謝申し上げます。

桑原晃弥

アドラー式「ストレスフリーな人」の7つのすごい!仕事術　目次

第3章 「準備」を「結果」に変える人と変えられない人の差

第4章 「他人に振り回される」がなくなる小さな習慣

第5章 「いざ」という時、周りに助けられる人の共通点

第6章 「話が通じない人」に、話が通じるようになる人間関係術

第7章 「人を動かす人」になる練習

本書の執筆にあたっては、下記の書籍を参考にさせていただきました。特に、岸見一郎氏はアドラー研究の第一人者であり、多くのことを学ばせていただきました。
その他、多くの新聞やWebサイトも参考にさせていただきましたが、煩瑣を避けて割愛させていただきます。厚く御礼申し上げます。

『個人心理学講義』アルフレッド・アドラー著、岸見一郎訳、アルテ
『性格の心理学』アルフレッド・アドラー著、岸見一郎訳、アルテ
『生きる意味を求めて』アルフレッド・アドラー著、岸見一郎訳、アルテ
『勇気はいかに回復されるのか』アルフレッド・アドラー著、岸見一郎訳・注釈、アルテ
『性格はいかに選択されるのか』アルフレッド・アドラー著、岸見一郎訳・注釈、アルテ
『恋愛はいかに成就されるのか』アルフレッド・アドラー著、岸見一郎訳・注釈、アルテ
『子どもの教育』アルフレッド・アドラー著、岸見一郎訳、一光社
『アドラーの生涯』エドワード・ホフマン著、岸見一郎訳、金子書房
『アドラー　人生を生き抜く心理学』岸見一郎著、ＮＨＫブックス
『アドラー心理学入門』岸見一郎著、ベスト新書
『困った時のアドラー心理学』岸見一郎著、中公新書ラクレ
『人生を変える勇気』岸見一郎著、中公新書ラクレ
『仕事力　金版』朝日新聞社編、朝日文庫

第1章

結局、「すぐやる人」がうまくいく

第1話 いきなり100点を目指さない。まずは60点から始めよう

大切なのは、「始める」こと。改善を重ねて100点に近づけていく

アドラーは「勇気」や「勇気づけ」という言葉を好んで使っているが、勇気には3つあると考えていた。

3つというのは、「**不完全である勇気**」「**失敗する勇気**」「**誤りを明らかにする勇気**」である。

中でも「不完全である勇気」は、ものごとに挑戦し、それを成し遂げる上で非常に重要となる。

初めての仕事を命じられた時、経験の浅い若い社員なら誰もが緊張し、不安になって最初の一歩を踏み出せなくなってしまうものだ。しかし、その原因の多くは、「失敗したくない」「最初から完璧にやりたい」といった願望が強過ぎる点にある。そんな時には、この言葉を思い出すといい。

「100点を目指すな、60点でいい」

これは、トヨタの工場などで、上司が初めての仕事に挑む社員にかける言葉である。100点を目指して躊躇(ちゅうちょ)するよりも、「60点で

60点でいい、まずはやってみる

いい」と割り切って、まずはやってみる。

結果は不完全であっても、そこから「もっとこうしたらどうだろう」と考えながら改善を繰り返すことで、最後に100点になればいい、というやり方だ。

これがアドラーの言う「**不完全である勇気**」である。

今の時代、求められるのは「まずやってみて、問題があればすぐに改善をする」というサイクルを、猛スピードで回すことだ。

そこで求められるのは、**「最初から完全」であることではなく、「改善を重ねながらいかに早く完全に近づくか」**だ。

最初は不完全でもいいから、躊躇せず挑戦する。その勇気さえあれば、人は完全へと素早く近づくことができる。

第2話 失敗した時は、大きな声で「失敗した」と言いなさい

「失敗レポート」を書くと、失敗が「学び」に変わる

ある金融機関のトップが、入社式で新入社員にいつも言っていたのが次の言葉だ。

「失敗をした時は『失敗したぁ』と大きな声を出しなさい」

新入社員であれば、仕事で失敗をするのは珍しいことではない。

しかし、そこで「失敗して恥ずかしい」「怒られるのは嫌だ」と思って失敗を隠してしまうと、本人だけでなくみんなに迷惑をかけることになる。

反対に「失敗したあ」と大きな声を出せば、周りにいる先輩や上司が「どうした」と声をかけてくれる。

「何やってんだ」くらいは言われるだろうが、失敗のカバーをしてもらえるし、どうすればいいかもアドバイスしてくれる。

失敗は隠すと一生の傷になるが、その場で解決してしまえば成長の糧となる。

これがアドラーの言う「**誤っていることを明らかにする勇気**」である。

失敗は隠さず、明らかにする

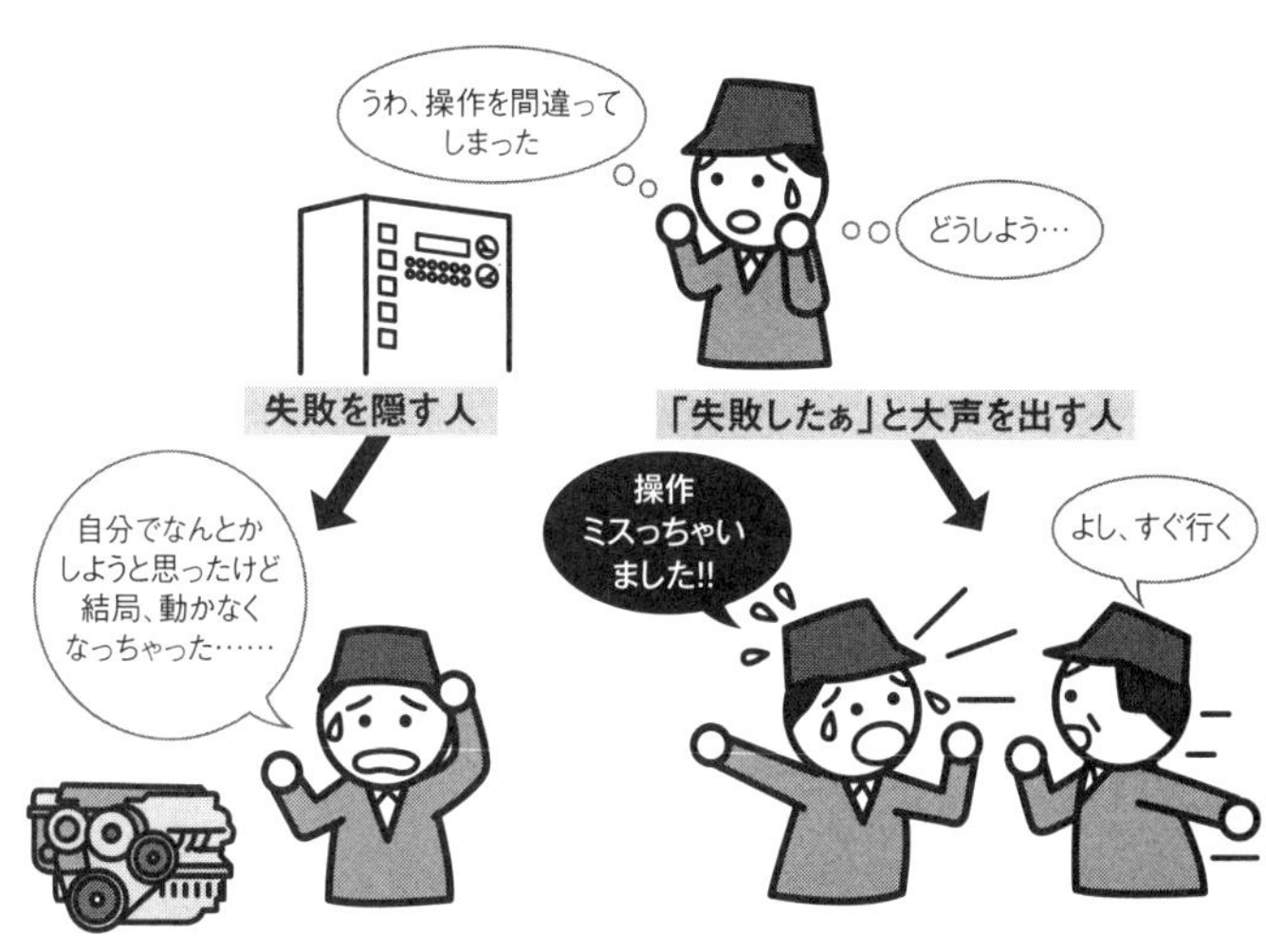

人はみな、幼い頃から様々な失敗を繰り返す中で学び、成長してきた。だから、本当は失敗を恐れる必要などない。

しかし、「恥をかくのは嫌だ」「上司に叱られるのは嫌だ」と体面を気にし過ぎると、失敗を隠したり、時には自分1人の力でなんとかしようと、あがいたりすることになる。

これでは、失敗から学ぶどころか、同じ失敗を繰り返すことになりかねない。

失敗した時は隠すことなく、正直に話し、速やかに回復に努めるのが良い。

さらには、**「どうすれば失敗しなくなるか」という「失敗レポート」を書くことだ**。

こうしたことを愚直に繰り返すことで、人は着実に成長し、失敗を恐れることなく挑戦できるようになる。

第3話 失敗にも「いい失敗」と「悪い失敗」がある

できる人は、失敗が致命傷になる前に素早く改善を図る

人は成功者を見る時、結果ばかりに目を向けがちだが、成功者が成功者たりえる理由の一つに「『良き失敗の仕方』を身につけている」がある。

ユニクロの経営者・柳井正（やないただし）さんによると、「ユニクロ」というブランドが多くの人に認知されるようになったのは、今から20年余り前、東京・原宿にお店を出したこと、その後訪れたフリースブームによってだという。

むしろ、それ以前のユニクロは失敗も多い会社だった。

スポーツウェアばかりを集めた「スポクロ」というお店や、ファミリーカジュアルを集めた「ファミクロ」というお店を企画、35店舗を出店したものの、いずれも1年も経たないうちに撤退している。

大変な失敗である。しかし、アドラーは失敗について、こんな言葉を残している。

「失敗は決して勇気をくじくものではなく、新しい課題として取り組むべきものである」

失敗は引きずらず、スピーディに改善する

新しい挑戦に、失敗はつきものだ。

柳井さんは、「新しい事業はどんなに計画をしっかり立てても、やってみなければわからないことも多く、うまくいかないことはままある」と考えている。

なのに、「これだけのお金をかけたのに、やめるのはもったいない」「ここでやめたら責任を問われることになる」といったメンツから、ずるずると撤退を引き延ばすと大けがをする、というわけだ。

大切なのは、致命傷になる前に退く勇気であり、失敗から次へのヒントを学ぶことである。

人は誰しも、失敗を恐れすぎると挑戦できなくなる。失敗を恐れず挑戦し続けるためにも、良き失敗の仕方は欠かせない。

第4話 年齢を言い訳にしてやりたいことを諦めてはいけない

60歳過ぎですべてを失ってから、大成功した偉人もいる

アドラーの特徴は、失敗さえも前向きに捉える「楽観主義」にある。

楽観主義に立てば、たとえ失敗しても自分には何ができて、何ができないかがわかる。それを課題にして、さらなるチャレンジをすればいいというのが、アドラーの楽観主義である。

この反対が悲観主義だ。悲観主義の人は、努力に見合う成果を上げられない時、失敗という現実を突きつけられることを恐れて、挑戦や努力を怠ってしまう。

失敗がないと確かに楽かもしれないが、そんな生き方が成長につながることはない。

とはいえ、失敗や再挑戦にも「年齢の限界」があるのでは、と考える人も多い。

コロナの感染拡大によって景気が急速に冷えこみ、多くの業種、多くの企業がリストラに着手している。希望退職を募ったり、工場や事業所の閉鎖を進めることで人員を削減している。が、長くその会社で働いた人にとっ

人はいくつになっても挑戦できる

て、突然職を奪われるほど辛いことはない。ましてやある年齢になると、再就職はとても難しくなる。

こうなると、まるで敗残者になったような気持ちだろうが、そんな時こそアドラーの**「失敗は決して勇気をくじくものではなく、新しい課題として取り組むべきものである」**を思い返してほしい。

よく知られた話だが、カーネル・サンダースは60歳を過ぎて長年続けてきたレストランを手放している。しかし、「何か自分にできることを見つけて生涯働き続ける」と決意、ケンタッキーフライドチキンを創業した。

年齢を理由に、「自分の時代は終わってしまったのか」と諦めてはいけない。人はいくつになろうが、何度でも挑戦できる。

第5話 成功だけを手にしようとする人が陥りがちなワナ

失敗するから成長する。成長するから成功する

「失敗を積み重ねて現在があるんだ。失敗してこそ、次の方向が決まるんだ。失敗することなく、成功例だけを手にしても、方向性を定めることはできないぞ」

トヨタの元社長・張富士夫（ちょうふじお）氏は、若い頃に先輩からこう教えられた。

「人生とは単なるゲームではないので、困難には事欠かない」という言葉がある。

確かに人生がゲームだとしたら、失敗してもリセットすればいいし、攻略本などを見て効率良くゴールまでたどり着くこともできる。

あるいは、一度クリアしたゲームでも、二度、三度プレイすることで前回より良い成果を上げることもできる。

しかし、人生はそうはいかない。

失敗したからと簡単にリセットなどできないし、攻略本を見ながら進めるわけにもいかない。ましてや、人生を二度、三度と味わうこともできない。

成長する人は「失敗する勇気」がある

結果、たくさんの困難にぶつかることになるわけだが、アドラーは「だからこそ人生は素晴らしい」と言う。

アドラーは、講演会で個人心理学の考え方についてひと通り説明した後、参加者にこう付け加えた。

「生きている人間だけがこんなにも多くの間違いを犯すことができるのだ」

人はたくさんの失敗や間違いを犯すが、アドラーは「失敗する勇気」や「誤りを明らかにする勇気」をもつことで、人は成長できると考えていた。

そう、失敗があってこそ、人は成長できるのだ。

第6話

成功体験よりも大切なのは、「失敗や困難を乗り越えていく力」

若い頃に失敗も挫折も経験していない人は、世の中からしっぺ返しを食らう

「才能ある若手にこそ、挫折を経験させなければならない。挫折は、その選手を成長させる最大の良薬だからである」は、20世紀を代表する名サッカー選手で、名監督でもあったヨハン・クライフの言葉だ。

その意味するところは、**「挫折」**や**「困難との格闘」**こそが、才能に磨きをかけるというものだ。

もちろん人が成長する上で「成功体験」の果たす役割は大きい。たとえ小さくとも成功体験を積み重ね、それがやがて大きな自信につながっていく。

では、人が成長する上では成功体験だけが必要なのかというと、そうではない。確かに成功体験も必要だが、それ以上に**大切なのは失敗や困難を乗り越えていく力である**。

幼い頃に「くる病」を患っていたアドラーは、元気に走り回る友人たちの遊びに加わり、不自由ながらも懸命に動くことで病を克服した経験をしている。以来、**「人生の早い**

失敗と挫折は成長のチャンス

時期に失望と挫折をいかに克服するかを学ぶことが重要である」と考えるようになった。

反対に困難を知ることなく、ひたすら親に甘やかされ、保護されてきた子どもはどうなるかというと、「やがては世の中に出て手痛いしっぺ返しを食らうことになる」とアドラーは言っている。

人は挫折や困難にぶつかると、ついそこから逃げ出したくなるものだが、そんな時は**「逆境にある時は、身の回りのすべてのことが鍼（はり）や薬で、それで節操を研ぎ磨いている」という『菜根譚（さいこんたん）』の言葉を思い出してみるといい。**

逆境に出会ったなら、「今、自分は試されている、成長のチャンスなんだ」と前向きに考えてみることだ。

第7話 コントロールできないことを思い悩むより、今「できること」に集中する

自分でコントロールできないことを、なんとかしようとしてはいけない

アドラーの言葉に、「**雨と闘**（たたか）**ったり、負かそうとしてもムダだ。雨と闘って時間を費やすな**」がある。

「雨と闘う」というと、「一体、こいつは何を言っているんだ」と思うかもしれないが、この言葉の意味するところは、**「課題を分離する」**ということである。

例えば、急に雨が降ってきたら、あなたはどうするだろうか？

傘を持っていれば、傘をさす、持っていなければ傘を買う、雨宿りをする、タクシーを利用する、といった対処をするだろう。

それに対して、「雨を自分の力で止めるぞ」といった、自分の力でどうしようもないことを無理やりなんとかしようとすると、アドラーの言う「雨と闘う」ことになってしまう。

つまり、課題に直面した時は、自分に今できることに専念し、自分の手に負えないことを気にするべきではないという意味である。

にもかかわらず、景気が悪くなって、業績

今できることに集中する

不振に陥った時、「政府が景気対策をしてくれれば」と、国の経済対策ばかり気にしている人がいる。それは、アドラーの言う「雨と闘う」のと同じことだ。

世の中には「自分の力でコントロールできることとコントロールできないこと」がある。政府の経済対策を自分でコントロールすることはできないが、**サービスを工夫する、価格を見直す、営業活動を積極的に行うといった、今できることを一つずつ愚直に丁寧にやる。**

その方が「雨と闘う」より、はるかに効果的だとアドラーは言うのだ。

「雨が降れば傘をさす」は、「経営の神様」と呼ばれた松下幸之助さん（パナソニック創業者）の金言である。

第8話 仕事のムチャぶりには、あえて乗ってみる

最初からムチャぶりを断るのは、自分で自分の可能性を潰しているのと同じ

アドラーの特徴は、才能や遺伝の影響を認めず、「**誰でも、何でも、成し遂げることができる**」と言い切るところにある。もちろんそのための努力は必要だが、「とうてい達成できないようなことでなければ、最終的にはできる」というのがアドラーの考え方だ。

アドラーは中学時代、数学に苦しみ留年しているが、父親の激励もあって懸命に勉強し、結果的に学校で最も数学のできる生徒の1人となっている。

そこで得たのが「**誰でも、何でも、成し遂げることができる**」である。

とはいえ、この説に反論したくなる人も多いはずだ。そんな人が参考にしたいのが、音楽家の坂本龍一さんの言葉である。

「人間は自分で無理難題を出すことはない。『われに七難八苦を与えたまえ』なんて思う人はほとんどいない。けれど他人はやるんです。思いもつかない仕事をやれと言われたら、まずは自分をそこに投げ込むんです」

時にはムチャぶりに乗ってみよ

つまり**「ムチャぶり」には乗ってみろ、ということだ**。坂本さんはＹＭＯ以外にも、映画『戦場のメリークリスマス』や『ラストエンペラー』で役者と映画音楽に挑戦している。どちらも未知の経験で、制作期間など条件的にも厳しいものだったが、無茶な依頼と格闘したことで、自分の限界を広げることができたと振り返っている。

仕事でも、無理難題を押し付けられることは少なくない。中には苦手なこと、無理なこともあるかもしれない。

しかし、そこで逃げることは、「やればできる」可能性を自分で潰しているのと同じことだ。成長するためには「誰でも、何でも、成し遂げることができる」と信じて挑戦してみることだ。きっと、あなたはできる！

第9話 アイデアは、思いついたら即実行

あなたが熟考している間に、誰かがやってしまう

1994年、amazon創業者ジェフ・ベゾスは、「Webの世界が1年で2300%という驚異的な成長をしていることを知った（後に「2300%」はベゾスの勘違いであることが判明）。

そこで、彼はすぐさま副社長を務めていた会社を退職、amazonを創業する準備に取り掛かっている。

当時インターネットを使ったビジネスで成功をした人はいなかったが、これほどの成長に世間が気づいて行動を起こせば、自分が成功するチャンスは失われるかもしれない、という強い切迫感が彼の背中を押したという。

どんなすぐれたアイデアも、頭の中で考えているだけでは何の意味もない。実行に移すことでアイデアは形になり、他者に先んずることができる。アドラーは言う。

「夢を見て熟考している間に、時は過ぎ去るのである。しかし、時が過ぎてしまうと、せいぜい彼（彼女）には、今や自分ができたこ

アイデアは思いついたら即実行

考え過ぎてチャンスを逃す人
いいアイデアを思いついた!
でも企画書の書き方がわからないし…
迷っていたら先を越された…
思いついたら即実行する人
とにかく企画書を書いてみよう!
新商品のアイデアを思いついた!
やったー僕のアイデアが商品になった!

とを示す良い機会はもはやないという言い訳しか残っていない」

ビジネスの世界で勝負を制する要素の一つは、「時間」である。

誰かが素晴らしい製品を発明した時、「これは自分が前から考えていたことだ」などと強がりを言っている暇があったら、1つでもいい、アイデアを形にすることだ。

そして、**もし、アイデアがあっても行動力が足りないと感じているのなら、「こうしたい」と思ったら、すぐに行動してみることだ。**

時に失敗もあるかもしれないが、少なくとも「あの時、あれをやっておけばよかった」と後悔することや、先を越されて悔やむことはなくなる。結果的に、失敗さえ糧となって次なるチャンスにつながるのだ。

第10話 「学び」をすぐに「実践」できるようになる魔法の質問

学んだら「自分に実践できるか」をすぐ問いかけてみよう

トヨタのある管理職は、部下が研修や講演会などに参加した後、「参加させていただき、ありがとうございました。とても勉強になりました」と報告に来ると、必ずこう問いかけるようにしていた。

「それは良かった。では、参考になったことの中で、何をいつまでに実行するかを文書で提出してくれ。そしてその結果を後日、報告してくれ」

研修や講演会の感動は、概ね一過性で終わりやすい。

大切なのは**「聞いた、学んだ、感動した」ではなく、「実行して成果を上げる」ことだ**。

アドラーは、「学びと実践」について次のように述べている。

「心理学は一朝一夕に学ぶことができる科学ではなく、学び、かつ実践しなければならない」

とはいえ、何事もいざ実践となるとやっぱり大変だ。

学んだことをムダにする人、実践する人

仕事仲間や家族とうまくやりたいのに、いうことを聞かない子どもに手をあげそうになったり、出来の悪い部下を育てたいと思っていても、つい「お前なんか辞めてしまえ」と言いそうになることもある。

そこで、なかなか実践が難しい人は、次のことを試してみてほしい。

本を読み、話を聞いて「これは知っている」と思った時に、「これは自分に実践できるかどうか」を問いかけるのだ。

「NO」のものは保留にして、「YES」のものを、すぐに実践してみる。

それだけで、あなたは「実践者」へと一歩踏み出せるのだ。

第11話 大事なのは「未来を予測する力」よりも「変化に対応する力」

予測が人を裏切るのは当たり前。起こったことへの対応力がものをいう

毎年年末になると、有識者が新しい年がどんな年になるかについてあれこれ予測を立てるわけだが、こうした予測が当たることはまずない。

それでも人は未来を予測したがるわけだが、そんなことに時間を使う暇があったら**「変化に素早く対応する方が大事だ」**と説いていたのが、ゼネラル・エレクトリックの元CEOジャック・ウェルチである。

CEO在任中、ウェルチはベルリンの壁の崩壊や湾岸戦争など誰も予測していなかった出来事をいくつか紹介した上で、**「明らかなのは、そうした変化をできるだけ先取りし、機敏に対応しなければならない」と力説した**。ウェルチによると、事業はもっともらしい計画や予測を立てることで成功するわけではなく、「現実に起こっている変化を絶えず追いかけて、それに素早く反応するからこそ成功する」という。

例えばアドラーも、結婚する二人の将来に

計画にとらわれず柔軟に対応せよ

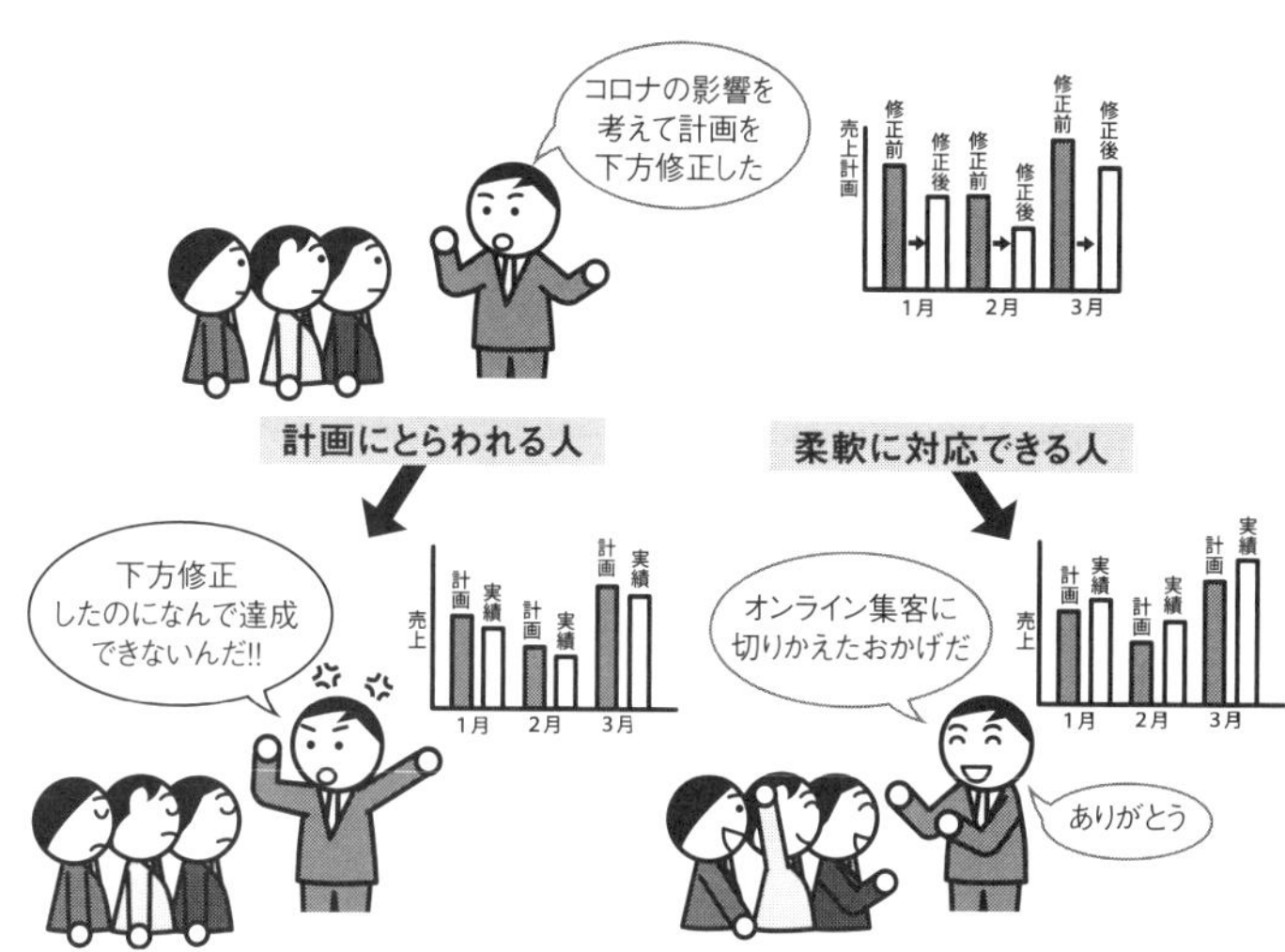

ついてこう述べている。

「結婚の未来を、落ちていく石の道筋を計算できるのと同じように予見することはできない」

アドラーが言うように、愛し合って結婚する二人の将来さえ予測できないのに、世の中の動きについて予測することは、なおさら不可能だ。

もちろん「将来を予測するな」ということではない。ただ、計画や予測、目論見(もくろみ)はしばしば裏切られる。大切なのは、**そんな「変化」に対しても決してうろたえることなく、こちらも変化し続けていくということだ**。

アドラーは、予測、予見できない未来があるからこそ、われわれは幸運だ、とも言っている。

コラム

アドラー心理学を理解するためのキーワード① 「目的論」

「心理学」というと、誰もが思い浮かべるのが『夢判断』で有名なジークムント・フロイトである。

アドラーも一時期はフロイトが主宰するウィーン精神分析学会で会長を務めたが、後に学説上の対立から袂(たもと)を分かっている。

両者の大きな違いの一つに、フロイトの「原因論」とアドラーの「目的論」がある。

かつての精神療法は、心の病気や問題行動の「原因」を探り、それを取り除くことで患者を治すのが基本的なモデルだった。そしてフロイトもその考え方を支持していた。つまり、過去に受けた心の傷や劣等感のせいで、現在の自分が苦しい、という考え方だ。

確かに、過去の虐待や貧しい生い立ちなどが原因となって、問題行動につながっている人もいるかもしれない。しかし、過去に虐待を受けたり、貧しい生い立ちの人すべてが問題を起こすかというと、そうではない。にもかかわらず「●●さんは、過去にこういう原因があったから心が歪んで犯罪に走った」としてしまうと、同じような過去をもつ人すべてが問題を起こす、という考えになりかねない。

そこで注目されるようになったのが、**「あの人は何のためにあのような行動をしたのか」という「目的論」だ。**

アドラーは、学校で子どもが問題行動を起こした場合、「過去」に原因を求めるのではなく、「問題を起こすことで親や教師の注目を引きたいから」という「目的」に注目する。「人は原因によって後ろから押されて生きているのではなく、目標を設定してそれを追求する」という考え方だ。

問題の原因を過去に求めても、過去を変えることはできない。**変えられない過去に目を向けるより、変えられる未来に目を向け、正しい目的をもって生きれば人は何でもできるし、何にでもなることができる**と考えるのがアドラーだ。

このように、アドラーの「目的論」は明日に向かって、一歩を踏み出す勇気を与えてくれるのだ。

第2章

どんな問題も一瞬で解決してしまう人の考え方

第12話 できる人は、難しい問題を前にしても明るく振る舞う

「真剣」になっても、「深刻」になってはいけない

アドラーは、困難にどう立ち向かうかによって人間を3つに分類している。悲観主義者、楽天主義者、楽観主義者の3つである。

悲観主義者は問題を目の前にして、「どうすることもできない」と考えて、何もしようとしない。

楽天主義者は、厄介な課題を前にして、「自分にできないことは何もない」と考えて「何とかなる」と言いながら、実際には「何もしない」。一見、プラス思考のように見えるが、「何とかなる」と高をくくってしまうため、結局課題は何一つ解決されず、社会を良くする何かをするわけでもない。

そんな両者と一線を画するのが、楽観主義者である。

アドラーによると、楽観主義者は「**あらゆる困難に勇敢に立ち向かい、深刻に受け止めない**」だけでなく、「**困難な状況にあっても、誤りは再び償うことができると確信して、冷静でいる**」ことができる。

困難を前にした時こそ楽観主義者になろう

人生で大切なのは、**「真剣」ではあっても、「深刻」にならないことだ。**

トヨタ社長の豊田章男（とよだあきお）さんは、大規模リコール問題で米下院公聴会で証言を求められた時、極度の緊張状態にあるメンバーに「一日1回は大きな声を出して笑おうよ」と声をかけたという。

豊田さん自身、対応を誤れば辞任するしかないという極限状態だったが、だからこそ陽気に振る舞うことが大切だ、というのが豊田さんの考えだった。

苦しい時、人はどうしても深刻になりがちだが、それでは気が滅入（めい）るだけだ。

むしろ明るく、しかし真剣に課題に挑戦する。それができると、人は自然に危機を乗り越えることができる。

第13話 劣等感を成長に変えられる人が、成功する人

劣等感は「悪いもの」ではなく、「努力」と「成功」の原動力となりうる

「劣等感」と言うと、悪いもののように思えるが、アドラーは「**すべての人は劣等感をもっている。しかし、劣等感は病気ではない。むしろ健康で正常な努力と成長への刺激である**」として、**劣等感こそが人を成長させる原動力であると考えていた**。

『トイ・ストーリー』などで知られるピクサー創業者の一人エド・キャットムルは、子どもの頃からディズニーの映画が大好きで、アニメーターになることを夢見ていた。

しかし、ある時、「自分は絵がうまく描けない」ことに気づき、一度は夢を諦めている。

ところが、大学時代にコンピュータと出会ったことで、「この技術を極めれば諦めたアニメーションの長編映画がつくれる」と考え、当時としては画期的なコンピュータを使ったアニメーション映画をつくっている。

やがてスティーブ・ジョブズと出会い、ピクサーを創業、世界初のコンピュータ・グラ

劣等感があるからこそ人は成長する

フィックスを使った長編アニメーション『トイ・ストーリー』を送り出すこととなった。絵が苦手という劣等感を、コンピュータの技術を極めることで克服したケースだ。

同様にある企業の経営者は若い頃、算盤（そろばん）が苦手だったが、自分と同じような人がもっといるはずだと仲間を募ってコンピュータの導入を実現、仕事の効率化に大きく貢献することとなった。

どちらも「これが苦手」という劣等感を、他の能力や技術でカバーすることで大きな成果へとつなげている。

アドラーが言うように、**「劣等感は人間の努力と成功の基礎」であり、「すべての人は生まれた時から劣等感と戦って、目標へと向かっていく」ことで成長できるのだ。**

第14話 問題を一瞬で解決してしまう人の考え方

問題に意味を与えているのは自分。見方を変えれば状況は一変する

仕事で多忙な日々を送っているAさんは、忙しい合間を縫って1年に一度は夫婦で旅行することを習慣にしていた。

旅行中は会社からの連絡も断ち、妻との時間を過ごすことだけに集中するのがAさんのやり方だった。「『自分がいなければダメ』なんて会社はありませんよ」というのがAさんの言い分だ。

さて、二人はある年、京都の桜の名所に出かけたが、その年は例年より桜が満開になる時期が早かった。

加えて運悪く前日に強い風が吹いて、いざ到着してみると、花はほとんど散っていた。

旅行の計画を立てた妻は、「あと何日か早かったら満開の桜が楽しめたのに。ごめんなさい」と、しきりとAさんに謝った。

そんな妻を前にAさんは近くの川を指さし、「川を見てごらん。桜の花びらがたくさん浮いてきれいな花筏（はないかだ）が見られるよ」と嬉しそうに話しかけた。

いいも悪いも、あなたの心が決めている

散ってしまった桜を見て「あと何日か早ければ」と嘆いたり、妻に文句を言ったところで、満開の桜が見られるわけではない。

それよりも川に浮かぶ花筏を見ながら、「今」を楽しむ方が元気になれるし、楽しい気分で過ごすこともできる。お陰でAさん夫婦の旅行は、思い出深いものとなった。

アドラーは言う。「**意味は状況によって決定されるのではない。我々が状況に与える意味によって自ら決定する**」

失敗したら「これからの教訓にしよう」と思えばいいし、辛いことがあったら「よし、自分は今試されている」と前向きに考えてみればいい。

ほんの少し見方を変えるだけで、人生は案外悪くないものになる。

第15話 努力することなしに成功を手にした人がつまずく理由

楽して成功しても、自分の血肉にはならない

ビジネスの世界でよく言われるのが、「模倣者がオリジナルに勝つのは難しい」だ。

今や日本のライフラインともなった宅急便は、ヤマト運輸が知恵を絞ってつくり上げたサービスだが、一時期は20社を超える会社が宅配業界に進出、過当競争となった。

そこで、ヤマト運輸は、他社との差別化を図るべく、荷物をお客様から預かり、期日までに届ける緻密なシステムや輸送のネットワークを構築、ドライバーの質向上にも取り組んだ。

その結果、ヤマト運輸を超える会社はなく、ほとんどが撤退することとなった。

オリジナルをつくり上げるまでには、実にたくさんの苦労がある。にもかかわらず、追随者はその表面だけを見て「儲かりそうだな」と参入する。

それは一見楽なようだが、試行錯誤の歴史がないだけに、オリジナルのようにサービスや製品を改良していくノウハウがなく、必ず

表面をマネるのではなく自分で考えて努力をする

ぼろが出る。

「楽をして成功したい」は、多くの人が願うことだが、アドラーの言うように「**ほとんど努力することなしに手に入れた成功は滅びやすい**」という弱さがある。

大切なのは、**結果だけを追うことよりも、勇気をもち、忍耐強くあることだ。**

成功には「成功するまで諦めない」という粘り強さが欠かせない。

失敗したり、試行錯誤をするのは誰だって嫌なものだ。

しかし、そこで身につけたノウハウは、誰にも真似のできないその人だけの武器となる。

第16話 なぜ「結果を出す」ことより「プロセス」を大切にした方がいいのか？

正しいプロセスを身につけた人は、再現できるから強い

ものづくりの世界に、「品質は工程でつくり込む」という言い方がある。

ものづくりには、どうしても不良品ができるものだ。理想はゼロだが、現実的にそれは難しい。そこで、できあがった製品を検査によって良品か不良品かに分けるのだが、それでは不良品をはじくことはできても、「不良品をつくらず良品のみをつくる」ということはできない。

そこで「品質は工程でつくり込む」という考え方が大切になる。

不良品ができるということは、工程のどこかに問題があるということだ。

問題の個所を見つけて、同じ問題が起きないよう徹底的に改善を行い、不良品を大幅に減らすようにするやり方が、ものづくりの世界では欠かせない。

これをビジネスの世界に置き換えると、「プロセス管理」になる。

ビジネスにおいて、成功することや結果を

「プロセス」を大切にすると「結果」がついてくる

出すことは大切だが、プロセスを無視して「とにかく結果を出せ」「何がなんでも成果を上げろ」となってしまうと、時に不正の横行を助長することになる。

本来、見るべきは成果以上にプロセスであり、正しいプロセスを踏めば、成果は何度でも上げることができるようになる。

人が生きていく上でも同じだ。アドラーは、**「成功という結果によって判断し、困難に立ち向かい、それを切り抜ける力によっては判断しないことが子どもたちを困難にしている」**と指摘している。

子どもであれ大人であれ、**大切なのは結果よりも困難に立ち向かう力で、それさえあれば、人は人生の課題を解決していくことができる。**

第17話 今がどん底でも、「変えられる未来」まで諦めてはいけない

「陰鬱な予言」で、勝手に悪い未来を思い描かない

パナソニック創業者の松下幸之助さんは、8人兄弟の末っ子として生まれ、4歳の時に父親が米相場で失敗したことで、貧乏のどん底に落ちた。

小学校も4年で中退、身体も弱かった。まさに学歴なし、人脈なし、お金なし、頑健な身体なしの少年だが、その人がのちに「経営の神様」とよばれるほどの成功を収めるのだから人生わからないものだ。

さて、人は大きな挫折を経験したり、健康に不安があると、つい「自分なんかもうダメだ。希望なんかもてない」と、悲観的になってしまう。特にコロナ禍（か）のように先の見えない状況が続くと、自分の将来についても前向きになれないことがある。

アドラーはこうした「陰鬱な予言」を嫌っていた。ある時、統合失調症の少女の診察を行った精神科医が、少女の両親に「回復の見込みがない」と言ったところ、アドラーはその医師にこう尋ねた。

未来は自ら変えていくことができる

「いいかい、聞きたまえ。どうして我々にそんなことが言えるだろう。これから何が起こるかを、どうして知ることができるだろう」

精神科医の言葉はそれまでの経験からの言葉だったのだろうが、こうした「陰鬱な予言」は、アドラーの感覚とは相いれないものだった。

実際、アドラーは、生まれつき虚弱だった人が、努力によって克服した例をたくさん見てきた。

そんなアドラーからすれば、**未来は決まりきったものではなく、自ら変えていくことができるものだった**。

未来は、現在の延長線上にしかないわけではない。間違っても「陰鬱な予言」によって「変えられる未来」を諦めてはいけない。

第18話 問題とは「ゴールへの道」を示してくれる貴重な道しるべ

問題は「解決できる方法」にフォーカスすれば解決できる

半分水の入ったコップを見て、「半分しかない」と嘆く人がいれば、「まだ半分もある」と楽観的に見る人もいる。同様に仕事をする上でも、目の前にある課題をどう見るかで、課題への取り組み方が大きく変わってくる。

ある大企業の創業者が、20代後半の若手社員を難しいプロジェクトのリーダーに任命した。最初はやる気満々だった若手社員だが、そのプロジェクトについて調べれば調べるほど、解決すべき問題点の多さに驚き、すっかりたじろいでしまった。

そこで創業者のところに行って、「できない理由」をあげて辞退しようとしたところ、創業者は若手社員をある会合に連れて行った。そこには、プロジェクトに関係のある分野の専門家が集まっていた。

創業者が若手社員と一緒にプロジェクトについてみんなの意見を聞いて回ると、「この点が難しい」「これを何とかしないと無理だろう」という意見がいくつも出てきた。

「問題」＝「ゴールを指し示すハードル」と考える

それを聞いた若手社員は、「やはりこれは無理なんだ、これでトップも諦めてくれるのでは」と内心ホッとしていると、創業者はこう言った。

「これで何を解決すればできるか、はっきりしただろう」

若手社員にとって困難は「できない理由」と映ったが、創業者には「これさえ解決すればできる」という具合に映っていた。

アドラーは言う。**「困難は克服できない障害ではなく、それに立ち向かい征服する課題である」**

見方を変えれば、**困難は越えられない壁ではなく、ゴールを指し示すハードルとなるのだ。**

第19話 難しい決断を迫られた時の考え方

判断に迷った時は、公共の利益、全体の幸福に資するかを考える

個人の利益と、会社の利益が相反する時がある。会社の利益と、社会の利益が相反する時がある。そんな時、どちらを選べばいいのだろうか。

これについてアドラーは、戦争時の司令官の例をあげてこう述べている。戦争で負けがほぼ確定しているのに、司令官がなお何千という兵士を戦場へと駆り立てるケースだ。

国の司令官としては当然、国益のために最後の一兵卒まで戦うことをよしとする。しかし、たくさんの人の命を預かる一人の人間としては、良い判断なのかというとそうではない。アドラーは、はっきり「ノー」と言っている。

「正しい判断ができるために必要なのは、普遍妥当的な観点である。公共の利益、全体の幸福の観点である。この観点に立てば、決定が困難であるケースはほとんどないだろう」

稲盛和夫（いなもりかずお）さんは20代で京セラを創業した際、設立したばかりの経営者として何を基準

迷ったら「人として何が正しいか」で判断せよ

に判断すべきか、大変頭を悩ませた。

そこで、経営における判断は、世間でいう「筋の通ったこと」、つまり**「人間として何が正しいか」という基準を会社経営の原理原則とし、それをベースとした。**

いわゆる「公平、公正、正義、誠実」といった普遍的な価値をもとにした判断である。

その後、経営者として成功した稲盛さんは、ａｕブランドで知られるＫＤＤＩの設立やＪＡＬの再建といった難しい判断を迫られた際、自らに「動機善なりや、私心なかりしか」と問いかけた上で決断をしている。

判断に迷ったら、本当に公共の利益、全体の幸福に資するものなのかを考える。

そうすれば答えは「自ずと出る」。

第20話 真の勇気なのか、蛮勇なのかを一瞬で見分ける方法

社会に役立たない行為は、真の勇気から出たものではない

今や、子どもたちにとって憧れの職業となったユーチューバー。

しかし、中には過激なことや愚かな行為を配信することで、再生回数を稼ごうとする迷惑系ユーチューバーがいる。

あるいは、アルバイト先などで馬鹿げた行為を繰り返し、それをSNSにアップすることで人々の耳目を集めようとする人がいる。

そうした人たちの根底にあるのは、「目立ちたい」「自分はすごいことをやっているぞ」というつまらない虚栄心である。

また、迷惑系ユーチューバーのように、身勝手で無鉄砲な行為を「勇気ある行動だ」と誤解している人もいる。だが、こうした蛮勇は真の勇気ではない。臆病や虚栄心の裏返しである。

その違いを示すために、アドラーは次のエピソードをあげ、「**有用な勇気**」とそれ以外のものに分けている。

ある時、泳げない少年がいた。彼は泳げな

勇気と蛮勇をはきちがえてはいけない

いという事実を認めたくない気持ちが強く、また、勇気をもって挑戦し、ダメなら誰かが助けてくれるという都合のいいシナリオを描いていた。そして彼は、彼にとって危険な「泳ぐ」という行為に挑戦した。結果、危うく溺れるところだった。この場合、彼の挑戦は「勇気」ではなく「蛮勇」である。

アドラーの言う勇気とは、**虚勢（きょせい）やヒロイズムではなく、課題に立ち向かい、社会のために生きることだ。**

もしあなたが、今自分のやろうとしていることが虚栄心から出たものか、本当の勇気から出たものかわからない時は、社会に役立つことかどうかを考えてみるといい。

そして、社会に有用な行為ならやる、そうでないなら、すぐやめることだ。

第21話 「お客様のために」ではなく「お客様の立場」で考えるとヒットになる

「相手視点でものを考える人」が「顧客心理がわかる人」

小売りやサービスの世界では、よく「お客様のために」という言葉が使われる。

しかし、「顧客のために」や「つくり手の立場」という発想では、「売り手の立場」や「つくり手の立場」から脱却できないというのが、セブン-イレブン・ジャパンの創業者・鈴木敏文（すずきとしふみ）さんだ。こう言って社員に意識改革を迫っている。

「『顧客のために』ではなく『顧客の立場で考えろ』」

「顧客のために」は、あくまでも売り手やつくり手の立場の発想になるのに対し、**「顧客の立場」に立てば、顧客の心理がわかり、「何をされれば一番嬉しいか、ありがたいか」がよくわかる。そして、そこからヒットが生まれるというのだ。**

アドラーも、相手の立場に立つ重要性を、医者になりたいという子どもへのアドバイスを通じて残している。

「良い医者になるためには、君自身以外の他の人にも関心をもたなければならない。病気

「お客様の立場」に立てば、ヒット作はつくれる
「お客様のために」で考える人
「お客様の立場」で考える人
最新の技術でたくさん機能をつけたぞ
機能も大事だけどデザインが良くないとお客様は喜ばないから
この車、格好いいんだよね
……
使わない機能ばかりだし、カッコ悪いんだよね
そうね
必要な機能もついているしね

になった時に、他の人が何を必要としているかを理解するためだ。良い友人になり、自分自身のことは、あまり考えないようにしなければならない」

相手と自分を同一視して、「この場合、この人ならどうするだろう」と考える。それをアドラーは「**他の人の目で見て、他の人の耳で聞き、他の人の心で感じる**」と言う。

アドラー心理学はよく「個人心理学」と呼ばれる。しかし、それは自分（個人）が世界の中心ということではない。

自分以外の他者の存在を認め、他者に関心をもち共感できる。これが重要なのだ。

人は誰しも「自分」や「自社」中心に考えがちだ。だからこそ「他人の目や耳、心」で感じることが、大切になるのである。

第22話 仕事に行き詰まった時は、ムリせず休む

見えない出口を懸命に探しても、体力を消耗するだけ

後に、ある会社の社長となるAさんの話だ。

Aさんは30代の頃、赤字部門を任されて悪戦苦闘した。当時、何とか赤字から脱却しようと、部下たちと一緒に夜遅くまで残業をし、休日出勤までしてがんばったが、一向に業績は好転しない。

「もうダメなんじゃないか」と諦めかけたその時、Aさんは先輩から次のアドバイスをもらったそうだ。

「君たちが、一生懸命働き過ぎるからダメなんじゃないか。いっそのこと残業なんかやめたらどうだ」

最初は「残業代を減らせ」という意味にとったAさんだが、部下の1人が「ひょっとして『頭をリフレッシュしろ』という意味じゃないですか」と言った。

そこでAさんは「どうせ赤字なんだから」と頭を切り替えて、定時に帰るようにしたところ、いろんなことに気づくようになった。

仕事に行き詰まったら「他人の目」を入れてみる

それまでは「自分だけ」「自社だけ」の目でしかものを見ていなかったが、「他社の目」や「顧客の目」で自社製品を見ると、いろんな欠点に気づき、改善点が見えてきたのだ。アドラーの言う**「他の人の目で見て、他の人の耳で聞き、他の人の心で感じる」**である。

やがてAさんたちはヒット商品をつくれるようになり、その後赤字からも脱却することができた。

大切なのは、**仕事で行き詰まった時、少し距離を置いて冷静になること。そして「他人の目」を入れることだ。**

「自分だけ」「自社だけ」をやめて、様々な視点でものを見ると、それまで見えなかったものが見えてくる。

そして、それが解決策につながるのだ。

アドラー心理学を理解するためのキーワード②「ライフスタイル」

アドラーは、「この世界、人生、または自分についての意味づけ」を「ライフスタイル」と呼んでいる。一般的には「性格」と呼ばれるが、アドラーは、性格は「生まれつきのもの」ではなく、「決して簡単ではないものの、自分の意志で変えていくことができるもの」という意味で「性格」ではなく、「ライフスタイル」という言い方をしている。

ライフスタイルは、現在のアドラー心理学では、次のように定義されている。

①自己概念（自分への意味づけ）

「自分は格好いい」と思えば、自信をもって人前に出られるようになる。「自分は格好悪い」と思い込んでいると引っ込み思案になる、など。

②世界像（世の中への意味づけ）

世の中を「危険」なものと見るか、「安全」と見るか、あるいは周りの人を「敵」と見るか、「仲間」と見るか、など。

③自己理想（自分はどうあるべきかということについてのイメージ）

「自分は人から好かれる人気者であるべきだ」と思えば、「嫌われたくない」というライフスタイルを選ぶ、など。

これら３つの要素が互いに影響し合いながら、その人なりのライフスタイルが選択されることとなる。

アドラーは、ライフスタイルは２歳で認められ、遅くとも５歳で選択されると考えていたが、今日のアドラー心理学では10歳前後といわれている。

また、人は自ら選択したライフスタイルに従って生きることになるが、一度身につけたライフスタイルを変えることは容易ではない。しかし、自分の意志で変えることができると考える。**私たちはどうしても「生まれついての性格は変えられない」と思いがちだが、実際には「生き方」同様に「ライフスタイル」も変えることができる。**

第3章

「準備」を「結果」に変える人と変えられない人の差

第23話 交渉事に絶対負けない人がやっていること

「勝てる方法」より「勝てる準備の仕方」を学ぶ

何かを始めた時、なかなか成果が出ない時がある。その理由は様々あるだろうが、理由の一つに「準備不足」がある。

「段取り8分」と言われるように、成果を上げるためには事前の準備が欠かせない。しっかりした準備さえできていれば、ものごとの8割がたは成功が約束されている。

それに対し、準備を疎(おろそ)かにすることは失敗を引き寄せることであり、アドラーに言わせれば「**準備を妨げておきながら、業績が劣っていると批判することは近視眼的だ**」となる。

世の中には、自分で自分の準備を妨げる人が少なくない。例えば、「準備の時間さえあれば失敗しなかった」と「自分以外」に責任転嫁する人は、自らの弱さを認めたくないだけで、いつまでたっても成長できない。

ある経営者は若い頃、上司から「交渉事は、事前に準備して、たくさん情報を集めた方が必ず勝つ」と叩き込まれたという。

「準備」を甘く見るとしっぺ返しがくる

交渉事に勝つには、まず情報戦に勝利する。相手の企業について調べるのはもちろん、担当者についても徹底的に調べ上げる。

もし相手が1の準備をしていたら、こちらは5の準備をして、「勝てる段階」になって初めて交渉のテーブルにつく。

それを励行したところ、交渉事で負けることはなくなったという。

アドラーが言うように「準備を妨げておきながら、業績が劣っていると批判する」のは間違っている。

まずは「勝てる準備の仕方」を身につける。そうすれば結果は自ずとついてくる。

勝利は、いつも万全の準備から生まれるのだ。

第24話 「忙しい」は、やりたくないことをやらないための言い訳

自分の心の中にある嘘を見抜き、やりたいことを今すぐ始めよ

ある企業の経営者Aさんは若い頃、先輩からたくさん本を読むことを勧められた。

実際、その先輩は忙しい合間をぬってたくさんの本を読むことで知られており、彼には知らないことはない、といわれるほどの読書家だった。

以来、Aさんは先輩を見習って、とにかく本を読むようにした。新しい技術に関する知識を得たい時には、その分野の専門書を10冊は買い込んで読み込むようにした。そうやって本を読むことで、絶えず最新の知識を取り入れ続けたことが、現在のAさんの成長と成功につながっている。

それだけにAさんは直属の部下はもちろん、役員や部課長にも読書の勧めを説き続けているが、返ってくるのは決まって「そんなことを言ったって本を読む暇なんてありませんよ」という返事である。

確かに「忙しい」に嘘はないのだろうが、はたして「本を読む時間がないほど忙しいの

「忙しい」を言い訳にしない

か」は疑問である。

昨今、企業の経営者、管理職に限らず、若い人も本を読まなくなり、「本を読む暇がない」という言い訳をする。

しかし、実際には「本を読む時間がない」のではなく、「ゲームなど、他のことに時間を使っているだけ」である。

アドラーによると、「**『もしも〜であったら』は、人生の嘘であって虚構である」**。

本当に旅行をしたい、本を読みたい、のなら、今すぐやることができる。

にもかかわらず、「時間がない」を言い訳にするのは、旅行も読書も本当にやりたいことではないからだ。**本当にやりたいことがあるなら、あれこれ言い訳をすることなく、今すぐやってみることだ**。

第25話 絶対に同じミスをしない人は「なぜ」を繰り返す

答えが簡単に見つかるものこそ、深く考えよ

問題を前にした時、少しだけ調べて「原因はこれだから、これを解決すればいいんだな」とわかりやすい答えが見つかることがある。

しかし、仕事において、「わかりやすい答え」ほど注意が必要だ。

確かにその通りにやれば、一見問題は解決したように見えるが、しばらくすると同じ問題が起きたり、さらに大きな問題が起こることがある。つまり、実は何も解決していなかったのだ。

トヨタ式に「『なぜ』を5回繰り返せ」という言い方がある。

1度目の「なぜ」で見つかる原因や答えは表面的なものに過ぎず、さらに「なぜ」を繰り返すことで「真因」にたどり着ける、という考え方だ。

大切なのは、**わかりやすい答えを前にすぐに「わかったこと」にせず、「なぜ」「なぜ」と問い続けることだ。**安易な「わかった」は

真因にたどり着くまで「なぜ」を繰り返せ

さらなる努力を妨げることにしかならない。

アドラーは子どもの問題行動などについて「性格だから仕方がない」といった安易な答えで納得することを良しとしなかった。

「遺伝だから」「もって生まれた性格だから」といったことを理由に子どもの可能性を潰し、子どもの努力を不要なものとする考え方を断固として拒否している。

「他に子どもの行動を説明できる理屈がないからといって、いわゆる『遺伝の影響』を隠れ蓑にすることはあまりに安直です」と言い切っている。

勉強やスポーツが苦手だからといって安易に「遺伝だから」と逃げるのはやめる。

大切なのは、「人は努力次第でどこまででも行くことができる」と信じることなのだ。

第26話 準備を怠る人は、やる前から失敗した時の言い訳をしている

失敗しない人は深く傷つくこともないが、大きな成功もない

プレゼンや商談において万全の準備をしたにもかかわらず成果が出なかった時と、準備不足で失敗した時と、人はどちらが傷つくだろうか。

失敗という結果は同じでも、万全の準備をした上での失敗は深く傷つく。

しかし、準備不足の場合は「準備に十分な時間をかけることができなかったから仕方がない」と言い訳をすることができる。

こうした考え方をアドラーは、「**怠惰であることには隠された無意識の駆け引きがある**」と指摘していた。

日々、懸命に努力しても、いつも成功が約束されているわけではない。努力が報われなければ、「あんなに準備したのに結果が出ないなんて」と落ち込むことあるだろう。

しかし、やるだけやったことで、次への改善点も見えてくる。

一方、「時間がない」「忙しい」などとあれこれ理由をつけて準備を怠る人は、失敗に終

単なる「準備不足」をできない言い訳にするな

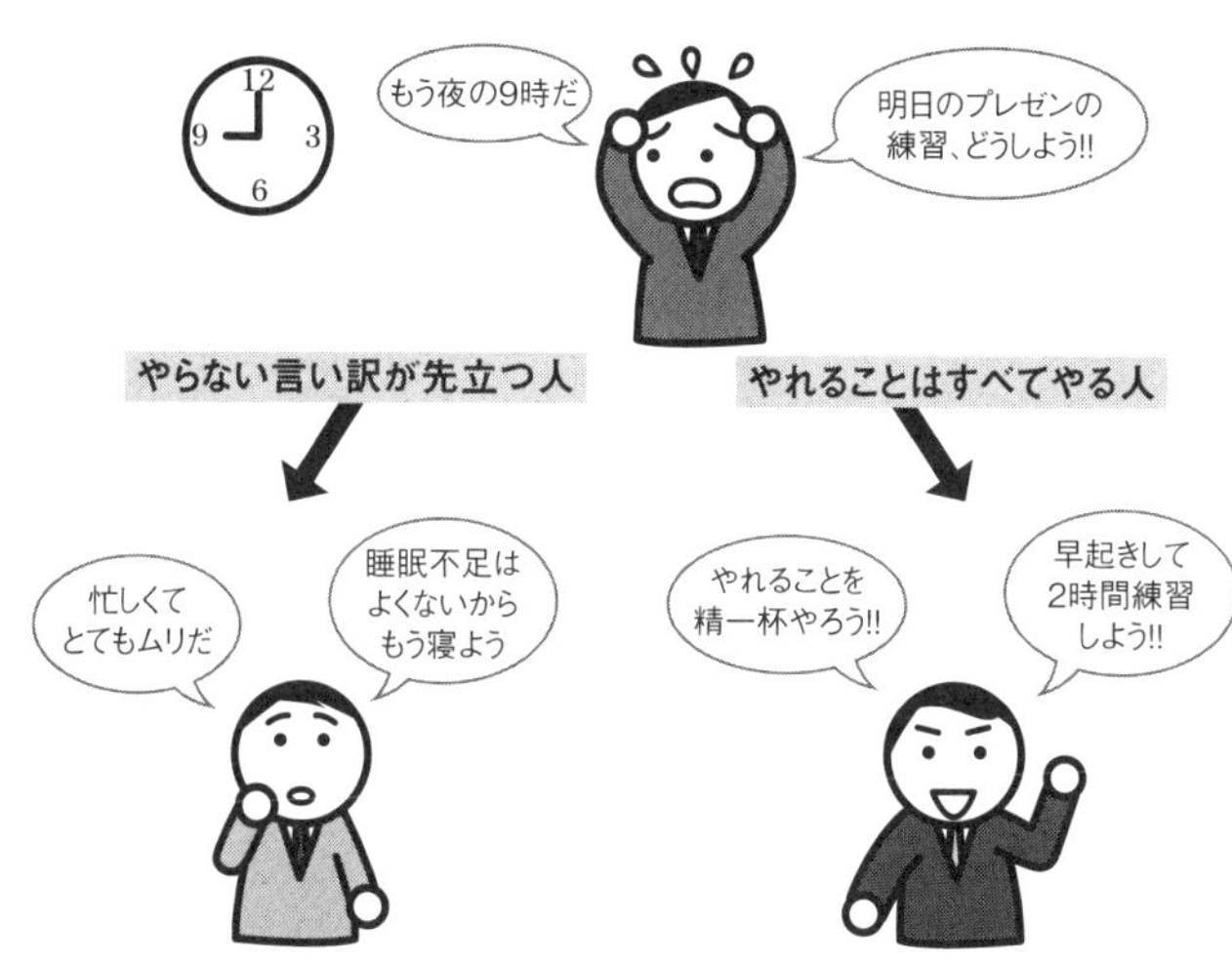

わっても落ち込むことはない。「忙しくさえなければもう少ししっかり準備できたはずだ。準備さえできれば失敗なんかするわけがない」と自分を納得させてしまう。

つまり、準備を怠る人は、最初から失敗した時の言い訳を用意しているのと同じことなのだ。このような人は傷つくことはないかもしれないが、成長することもない。

「プレゼンテーションの名手」スティーブ・ジョブズは、納得いくまでとことん準備や練習を繰り返すことで知られていた。

だからこそ、ジョブズのプレゼンは世界中の人の心をつかむことができた。

「やれることはすべてやった」と言い切れるだけの準備をすると、人は本番に余裕をもって臨むことができる。

第27話 迷い、思い悩むのは「決めたくない」という心理が働くから

そんな自分と決別したいなら、今すぐ決めよう

何をするか、何を買うかといった時、あれこれ迷うのは人の常だ。

また、人生の岐路(きろ)に立ち、どの学校へ進むか、どの会社を選ぶか、誰と結婚するかなど、簡単には決められない問題も少なからずある。

そこで、決めることを先延ばししたり、誰かに決めてもらおうとしたり、中には占いに頼ろうとする人もいる。

一体、なぜこれほどまでに人は「決めることが難しいのだろうか?

アドラーによると、迷うことや悩むことには、ある目的があるという。

その目的とは、「決めないこと」である。

迷うことをやめれば、決めなければならないし、決めた以上はやるしかない。「決めたくない」からこそ、人は迷い悩むというのがアドラーの見方である。こう言っている。

「迷いがある人は、だいたいいつまでも迷っていて、ずっと何も達成しないままだ」

迷うのが嫌なら「今」決める

大切な決断に際して「考える時間」をもつのは、とても大切なことだ。

京セラの創業者・稲盛和夫さんは、大切な決断の前には何度も自らの心に問いかけるという。そこにあるのは、優柔不断的な迷いではなく「やるべきことは断固やる」という実行への強い意志である。

岐路に立ち、迷い悩むことは構わない。

しかし、そこに「できたらやりたくない」という思いがあると、いつまでも迷い続けることになる。

そんな自分と決別したいなら、「今、決める」ことだ。やるにしてもやらないにしても、まず決めること。

そして、決めたなら、あとは「どうやってやるか、やらないか」を考えるだけでいい。

第28話 「3つのD」をやめると、できないことはなくなる

「でも」「だって」「どうせ」は人生をダメにするNGワード

ある大学の研究によると、メンバーの提案に対して、リーダーが「いいね」「嫌だ」「いいね、でもね」のどれかを言い続けた場合、メンバーが最もイライラするのが「いいね、でもね」だという。

リーダーからはっきり「嫌だ」と言われれば、メンバーは代案を考えられる。

しかし、「いいね、でもね」を続けられると、リーダーの意図がわからなくなり、結局やる気が失せてしまうという。

例えば、営業成績が伸びないチームのメンバーが解決のためのアイデアを提案した時、リーダーが「いいね、でもね、それを会社が許すとは思わないんだよ」とか「いいね、でもね、やってみて失敗したらどうするの?」と言い続けたらどうなるだろうか。

恐らくほとんどの人は、「この人は一体、何がしたいんだろう。本当は何とかしたいという気はないのかもしれない」と考え、がんばることを放棄するだろう。

「3D」を連発する人に人はついていかない
先日部長から指示のあった販促プランですが
AよりBの方がいいと思います
「でも」を言う人
「だって」を言う人
「どうせ」を言う人
でもね、もうそれは決まった話だから…
だってしょうがないじゃん…
どうせAもBも同じでしょう
…

問題を前にして「でも」「だって」を並べ立てて言い訳ばかりする人は、結局は「やらない」言い訳に関心のある人だ。

これでは問題が解決することはないし、目標から遠ざかるばかりである。

アドラーによると、「『はい、でも』と言って、結局、課題に取り組まない」人に対する適切な対処は、「**ためらいの態度をとらないように訓練することだ**」という。必要なのは「勇気づけ」である。

ビジネスでも人生でも、問題を前にしたら、言い訳としての「でも」「だって」「どうせ」という「3つのD」を封印することだ。

代わりに**「できる」「やってみよう」を口癖にすれば、考えるのは「言い訳」ではなく、「どうやってやるか」だけになる。**

第29話 「もしも～」が口癖の人は、一生準備する人生で終わる

「もしも～」をやめて、今すぐ本気で生きる決意をしよう

『俺はまだ本気出してないだけ』という映画にもなった漫画があった。

いい年のおじさんが、いきなり会社を辞めて「漫画家を目指す」と宣言するコメディだ。

確かに世の中には、「今はうだつの上がらなくても、本気を出せば何だってできるんだ」と、口にする人がいる。

アドラーは言う。

「『私は結婚するでしょう。もしも～ならば』『私は仕事に戻るでしょう。もしも～ならば』ともっともらしいことを口にする人は、自分について高い評価をもっており、人生の有用な面で多くのことを成し遂げることができると考えているが、『もしも～であったら』という条件付きであればこれは無論、人生の嘘であって虚構である」

仕事でも「もう少し時間があれば」と弁解する人がいるが、そんな人のことをホンダの創業者・本田宗一郎さんはこう言っていた。

「もしも～」をやめて本気で取り組もう

「『もう少し時間があれば考えつくんだけどなあ』なんていうのは、これはバカだということだよ。忙しいからこそ、その忙しさから抜け出そうとして、苦し紛れの知恵が創意工夫で進歩するんですよ」

「もしも～」を言う人は、『条件さえ合えば自分にはすごいことができる』と言いたいのだろうが、そういう人が本気で何かに取り組むことはない。

人生は制約だらけだが、「制約こそが創造力を刺激する」という言葉があるように、**「もしも～であったら」の「もしも」がないからこそ人は必死に考えるし、必死に努力もする。**

成果はそこからしか生まれない。

第30話 たとえ「完璧な計画」でも、実行しなければ失敗したのと同じ

100の「完璧な計画」より、たった1つの実行

子どもの頃から「計画を立てる」ことは好きだが、「実行」が伴わない人がいる。

掲げた目標は立派だし、計画通りに実行できれば成果も上がるはずだが、いざ実行となると「毎日コツコツ」という地道な作業ができないのだ。

「今日は疲れているから、明日やればいいや」「今日は他のことで忙しかったからできなくても仕方がない」と言い訳ばかりして、つい先延ばししてしまう。

結果、最初に立てた計画はガタガタになり、いつの間にか掲げた目標もはるかかなたに消えてしまう。

こうした人はたいてい「将来に備えてこうしなければ」といった「立派な意図」はもっているのだが、肝心の「実行」が伴わないため、いつも「決意表明」だけで終わってしまうのだ。

このような人たちについてアドラーは、**「神経質な人は、良い意図をもっていること**

計画を立てたら完璧でなくていいから実行する

を示しさえすればいい、と感じている。しかし、良い意図をもっているだけでは十分ではない。私たちは、社会において大切なことは、実際に成し遂げていること、実際に与えていることであるということを教えなければならない」と指摘している。

良い意図を示すことは好ましいことだ。問題があるにもかかわらず知らん顔をする人や、解決の意志すら示さない人に比べれば、ましである。

だが、人間は「何を言ったか」ではなく、「何を成し遂げたか」によって評価される。**「こうしたい」と思ったら、まず踏み出してみることだ。実際にやってみると、頭で考えていた時よりも案外うまくいくものだ。**

第31話 占いは、自分の決断を後押ししてもらうために使う

自分の決断を鈍らせるような占いなら、今すぐやめる

夢に関する考察そのものは古代から行われてきた。しかし、心理学的な見地から夢について考察したのは精神分析の大家ジークムント・フロイトが初めてである。1900年に『夢判断』という本を発表している。

アドラーは、14歳年の離れたフロイトと本書をきっかけに共同研究を行ったといわれているが、フロイトが「夢」に大きな意味を見出し、夢をきっかけに治療を行おうとしていたのに対し、アドラーは「夢占い」を「迷信」だと言い切っている。

ある時、ギリシヤの詩人シモニデスが小アジアに招かれたが、ずっと出発を延期していた。夢の中に現れた死者が「行かないように」と忠告したからだと本人は主張した。しかしアドラーは、シモニデスは「夢を見たから」行かなかったわけではなく、最初から「行かない」と決めており、それを納得させるために夢をつくり上げた、と言っている。

「既に到達していた結論を支持するために、

夢や占いは、決心を後押しする時だけ信じる

ある種の感情を、あるいは、情動を創り出したに過ぎないのである」

１９２６年に講演のため初めてアメリカへ船で旅することになったアドラーは、ロンドンでの最後の夜、自分の乗る船が突然転覆する夢を見た。夢の中でアドラーは荒海の中に投げ出されてしまったが、死に物狂いで泳ぎ、何とか陸地まで泳ぎ着いた。

アドラーにとってアメリカ訪問は、「行かない」と結論付けるものではなく、「行く」という気持ちを強くもっていたからこそ夢でも「泳ぎ着く」というオチになったのだ。

人は占いが大好きだ。

ただ、**自分の決心を後押ししてくれる占いや夢なら信じればいいし、そうでなければ「こんなのは迷信だ」と切って捨てればいい。**

第32話 問題を解決するための最高の治療法は、「予防」である

治療にはお金も時間もかかるが、予防ははるかに少ないコストですむ

今でこそ病気はなってから治療するより、予防する方が大切という考え方は広く知れ渡っている。

しかし、アドラーがウィーン大学医学部へ入学した当時（1888年）は違っていた。

例えば肺炎で死にかかっている女性がいるにもかかわらず、教授や学生は胸の音を聞くために取り囲み、診断について議論をした。教授は「治療、そんなものは無意味だ。我々に必要なのは診断だ」と冷酷に言い放った。

こうした教育を受けたアドラーだが、28歳の時、初めて著した『仕立て業のための健康手帳』では、仕立て業の労働環境が劣悪なために肺結核になる頻度を高めていると指摘、労働環境の改善をはじめとする「予防」の大切さを訴えている。

さらに子どもたちについても、「**病気の子どもたちを治療することではなく、健康的な子どもたちが病気にならないように予防することが論理的で高貴な挑戦である**」と訴え

問題を大きくしないコツは、日頃の「予防」

た。

アドラーの「治療より予防」という考え方は、人の健康だけでなく仕事でもとても大切な考え方だ。

機械が壊れてから修理する（治療）のは時間もお金もかかるが、日頃から整備点検（予防）を徹底すれば、そもそも壊れることを未然に防ぐことができる。

問題も同じだ。**大きくなってから解決する（治療）より、小さな兆候に気づいて早めに手を打てば、未然に防ぐことができる（予防）。**

人生においてもビジネスにおいても、「予防」の充実こそが、「大事」を防ぐコツなのである。

第33話
「私なんか」をやめると、人はいつからでもチャレンジできる
自分で自分に限界をつくる言葉を使わない

ある女性記者が、オリンピックの金メダリストにインタビューした時のエピソードを紹介したい。

その金メダリストは、幼い頃からその競技をやっていたわけではなく、高校入学時に「面白そうだからやってみたい」と挑戦し始め、わずか数年で金メダルを獲得し、その後も様々なことに挑戦している。

そこで、女性記者は「なぜそんなにいろんなことに挑戦できるのか?」と質問した後、「私もいろんなことに挑戦したいのですが、私なんかにできるでしょうか?」と聞いた。

すると、金メダリストから「まずは『私なんか』と言うのをやめたらどうですか」という答えが返ってきた。女性記者は子どもの頃から勉強はできたものの、スポーツには縁がなかった。自分は運動神経が悪いと思い込み、親からも「お前なんかには無理だろう」と口癖のように言われていたという。

自分で自分に制限を課すことについて、ア

「私なんか」をやめる

ドラーはこう言っている。

「人生は子どもたちがあまりにうぬぼれるようになれば軌道修正されるでしょう。でも、もしも子どもたちが勇気をくじかれたら修正することはできません。ライオンを慣らすのはひどく難しいというわけではない。でも子羊を吠えるようにさせた人は誰がいるだろうか」

「私なんか」「お前なんか」は、人の可能性を潰す言葉である。

アドラーが言うように「たいていの人は今よりも遠くに行くことができる」のであり、「たいていのことはやろうと思えばできる」。

人生のチャレンジは無限と信じ、まずは「私にもできる」「君にもできる」と挑戦してみることだ。

コラム

アドラー心理学を理解するためのキーワード③「対人関係」

「すべての悩みは対人関係の悩みである」とアドラーが言うように、学校でも職場でも私生活でも、ほとんどの悩みの原因は対人関係にある。

例えば、コロナの感染拡大によって学校や企業でリモートを使った授業や働き方が推進されているが、そのお陰で学校や職場での対人関係の煩(わずら)わしさから解放されたという声も少なくない。

その一方で、リモートだけの生活が続くと孤独を感じる、という声があるのも事実である。

いつも周りに人がいる生活は煩わしくあるが、同時に周りに人がいない生活は寂しいものなのだ。

では、そのような悩みにどう対処すればいいのだろうか？　アドラーの研究者・岸見一郎さんによるとポイントは３つある。

①他者に関心をもつ

人は自分が大好きだし、自分の目でしかものを見ることはできないが、時には「相手の立場」に立ち、「この人はどう考えているのだろう」と相手の視点でものをみること。

②他者は自分の期待を満たすために生きているのではないと知る

人は他者の依頼に応え、自分も他者に依頼することで助けられるわけが、それは必ずしも「義務」ではない。それを忘れて「依頼に応えるのが当たり前」と思ってしまうと、大きな間違いを犯すことになる。

③課題を分離する

対人関係のトラブルは、人の課題に土足で踏み込んだり、踏み込まれることから起こる。例えば、勉強や就職といった子どもの課題に過度に踏み込まないことも大切になる。

この３つを知るだけでも、対人関係は随分と楽になる。

第4章

「他人に振り回される」がなくなる小さな習慣

第34話 なぜか他人に振り回されてしまう人の共通点

人の評価に一喜一憂するのではなく、自分の信じる道を生きる

人は誰でも、他人から良く言われたら嬉しいし、悪く言われたりけなされたりすると憤慨したり、落ち込んだりする。

社会で生きている以上、人の評価に一喜一憂するのはある程度仕方のないことだが、度を超えると虚栄心が強くなり、現実との接点を失うことになる、と言うのがアドラーの指摘である。

こうした虚栄心が強い人に共通しているのが、「自分がどうなのか」ではなく、「人からどう思われるか」を気にしている点である。

他人がどう思っているかばかりを気にして自分の行動を決めていくと、いつの間にか本来の自分を見失ってしまうのだ。

私たちは「お前は悪い人だ」とけなされたからといって、悪い人になる必要はないし、「君はいい人だ」と言われたからといって、ムリにいい人になる必要もない。

世界一の投資家ウォーレン・バフェットに、「内なるスコアカード」と「外のスコア

他人の目を気にするのをやめる

カード」という言い方がある。

バフェットは時に世間から批判されることもあったが、そんな外のスコアカードは無視して「自分の信じる道」＝「内なるスコアカード」に忠実に生きることで「オマハの賢人」と呼ばれるほどの尊敬を集めている。

「人にどう思われようとかまわない」とまで開き直るのは極端すぎるかもしれないが、他人の目ばかり気にするのはやめにしよう。

自分のことを一番よく知っているのは、自分である。

人に振り回されることなく、**「何をやりたいか」「何をすべきか」を自分の頭で考え、自分の責任で行動することが何より大切なのだ。**

第35話 「今」だけを見て「未来」を諦めてはいけない

努力を続ければ、必ずできる日がやってくる

あるお笑い芸人が、こんな話をしていた。

「島の中学では自分より野球のうまい人間はいなかったが、高校の野球部に入ると自分が一番下手だった」

狭い世界の優等生が、広い世界に出て驚くのはよくある話だ。何事も上には上がおり、中には「到底かなわない」という相手もいる。

しかしここで「もう勝てないからいいや」とか「絶対に追いつけないから諦めよう」となると、人はあっという間に負のスパイラルに陥ることになる。そして、努力やがんばりを放棄するようになってしまうのだ。

こうした考え方に、アドラーははっきり「ノー」と言っている。

例えば数学で遅れをとっている子どもが、わずかの期間で遅れを取り戻すのは難しいが、「諦めることなく努力を続ければ、必ず遅れを取り戻せる」とアドラーは確信していた。こんな言葉を残している。

人と比べて未来の自分を諦めるな

「大きな困難は、自分を過小評価するということです。『もう追いつくことはできない』と信じるのです。これは本当ではありません。実際追いつけるからです」

同じことを伊藤忠商事の元社長・丹羽宇一郎さんはこう表現している。

「サラリーマンの実力は、同じペースで伸びるのではなく、努力を続けて、ある日、飛躍するものなんです。社長の目から見ると、目立たなかった人材がある時から急に伸びるケースがよくあります。サラリーマンは、飛躍の日まで絶対に諦めてはいけません」

大切なのは「今」だけを見て、「未来」を諦めてしまうことだ。人生は長い。今は「まだまだ」でも、自分を信じて努力を続けていれば絶対に飛躍の時が来る。

第36話 人は「NO」を言わない人を利用し「NO」を言う人を信頼する

「良い友人」は、相手の顔色をうかがわない

仕事でも私生活でも、人から何かを頼まれると「NO」を言えない人がいる。「断ると●●さんに嫌われるかも」と思って、つい引き受けてしまうのだ。

頼む側からすると何ともありがたい存在だが、当人自身は「なぜ自分はNOを言えないんだろう」と悩んでいるケースも少なくない。

ある有名な経営者が若い頃、先輩に教えられたアドバイスの中で最も役立ったというのが、**「本当に大切なこと以外は『NO』と言うことを覚えなさい」だった。**

人は、「嫌われたくない」気持ちが強くなり過ぎると、自分のことを差し置いて人のために時間を使ってしまい、その結果、心をすり減らすことになりがちだ。

アドラーによると、本当の良い友人とは、**「他の人を怒らせることを恐れない。しかし、いつも他人の幸福に関心がある」**人となる。

つまり人の言うことをなんでも引き受けて

「NO」を言える人を人は信頼する

しまうのではなく、自分の意見をはっきり伝え、もし友人が間違ったことをしているのなら厳しい言動も辞さない。

また相手から嫌われることを恐れて、発言をためらうことのない人だ。

もちろん人を怒らせるのは、決して好ましいことではない。

かといって、「これを言ったら怒らせてしまう」「これを断ったら嫌われてしまう」と、顔色ばかりをうかがって言うべきことを言わないのは、良い友人とはいえないのだ。

良い友人は、自分の意見をはっきり伝え、時に相手のために言うべきことを言う。

そんな人を、人は「本当の友人」として信頼するのだ。

第37話 ほめられることが目的になってはいけない

人に「認められること」が目的になってしまうと、自分がしんどい

人には誰しもほめられたいとか、認められたいという「承認欲求」がある。

しかし、承認欲求があまりに強過ぎると、人生で問題が生じることもある。

例えば、甘やかされ、ほめられてばかりで育った子どもは、それが適切な行動で、やるべきことだとわかっていても、ほめられないとやらなくなることがある。

せっかく良いことをしたにもかかわらず、誰もほめてくれない経験をした時に、「なぜ自分のやったことを認めてくれないのか」と憤り、「誰も認めてくれないのならバカバカしいから二度とやるものか」となってしまうからだ。

そこにあるのは、「ほめられるためにやる」という意識であり、課題を解決したり、誰かに貢献することよりも「ほめられること自体が目的になる」という大きな間違いがある。

このような人たちのことを、アドラーはこう指摘している。

功績は「認めてもらう」ものではなく「自分で認める」

「支持され、ほめられている間は、前に進むことができた。しかし、自分で努力する時がやってくると、勇気は衰え退却する」

人からほめられるというのは、確かに気持ちのいいものだ。

しかし、人生にはほめられなくても、認められなくてもやらなければならないことはたくさんある。

懸命にがんばったけれども結果が出ず、ほめられるどころか叱られることさえある。

そんな時には、俳優の宮沢りえさんの**「試練はいつかのためのご褒美だと考えると、逃げずに受け止められる」という言葉を思い出してみるといい**。

苦難を乗り越えた先の賞賛ほど、嬉しいものはない。

第38話 「不器用で要領が悪い」がなくなる3つの勉強法

どんなことも、諦めることなく続けていれば必ずできるようになる

何か新しいことを始めた時、周りの人が次々とうまくいくのに対し、自分だけが思うようにいかなくて「なんて不器用で覚えが悪いんだろう」と嘆いたことはないだろうか。

そんな時に思い出してほしいのが、「1万時間の法則」だ。

作家のマルコム・グラッドウェルが古今東西の様々な天才や一流の人物についてまとめた本によると、人が何かを習熟して一流になるためにかかる時間は「1万時間」だという。「1万時間」というと、とてつもない時間のように思えるが、毎日4時間なら約6年10ヶ月、7時間なら約4年、12時間やれば、約2年3ヶ月で一流になることができる。

こうした努力で超一流になったのが、世界的な経営学者ピーター・ドラッカーである。ドラッカーは、最初から著名な経営学者であったわけではない。

20歳で新聞社に入社、記者として働き始めてから、自分の未熟さを知り、何とか克服し

誰もが一流になれる勉強法

①1つのことを集中して勉強する　②新しいテーマを見つけて集中して勉強　③自分なりの方法で継続する

ようと①一つのことに集中して勉強する②理解したら次に移り、次々と新しいテーマを決めていく③自分なりの方法を守り、継続する、という勉強法を続けることで超一流の座を獲得している。

世の中には不器用で、時間のかかる人もいるが、そんなことを嘆く必要はない。

アドラーが言うように「最初は大変でも、コツコツと諦めることなく努力を続けることでたいていのことはできるようになる」ものだ。

大切なのは、誰かと「速さ」を競わないこと。競うべきは「昨日の自分」であり、「昨日の自分よりちょっとでもできるようになっていたい」と願いながら努力を続けることで、人はすごいところへ行くことができる。

第39話 達成すべき目標は「時間」ではなく「量」にした方がいい理由

「時間比較」のウサギではなく、「絶対達成」のカメになろう

トヨタ式に「目標は時間ではなく量である。量は必ず達成できる」という言葉がある。

「5時間で100個つくる」という具合に「時間」を目標にすると、速くつくれる人もいれば、時間内で100個を達成できない人もいる。

一方、「100個つくりなさい」と「量」だけを目標にすれば、途中で諦めない限り、誰でも100個つくることができる。

人の成長も同じだ。子育てで自分の子どもが言葉をしゃべるのが早い・遅い、歩き出すのが早い・遅いという具合に「時間」を尺度にすると、つい「よその子に比べてうちは」と比較をするようになる。

反対に「時間」ではなく、「歩き出す」とか「しゃべり出す」ということに目を向けると、わが子の成長を素直に喜ぶことができる。

ある会社で凄腕ITエンジニアとなったAさんの話だ。業界に入った時はずぶの素人

絶対達成することで自信をつける

で、周りと比較しても何もできない自分に焦ったらしい。ただその時支えとなったのが、大学時代の音楽サークルでの経験だった。

楽器など弾いたこともないのに好奇心だけで入ったが半年、一年と続けるうちにうまくなった。その経験があるだけに、会社に入っても「何でもがんばればできる」と信じることができたし、実際、一年も経たないうちにかなりのレベルにいくことができた。

他人と比べて自分のダメさ加減に落ち込んだら、アドラーの**「何でも最初は大変だ。でも、しばらくするとうまくできるようになる。他の人が君より上手だからといって心配してはいけない」**を思い出してほしい。**諦めなければ、「量」は必ず達成できる。**

そこから先は、慣れと努力次第だ。

第40話 過去の不幸を成功に変える人、ひきずってしまう人

ある人は不幸を成功の糧とし、ある人は怠ける口実にする

もしあなたが天涯孤独で生まれ、3歳で養子に迎えてくれた養父がギャンブル狂いで養母は家出、15歳になって初めて電気のある生活を経験、高校もアルバイトをしながら卒業するという人生だったとしたら、どう思うだろうか？

「人生は不公平だ。だからうまくいかないんだ」と努力を放棄する人もいれば、「社会に復讐(ふくしゅう)してやる」と、自暴自棄になる人もいるかもしれない。

ところが、こんな子ども時代を送った少年は、20代で「ＣｏＣｏ壱番屋」を創業、日本一のカレーチェーンをつくり上げている。宗次徳二さんだ。宗次さんは、成功の理由をこう話している。

「物心ついた時から私の人生は苦労の連続だったが、お陰で朝から晩まで汗を流して働くことには、なんの抵抗もない人間に育った」

同じものを見ても、人によってその捉え方が異なるように、同じ経験をしても、その後

不幸は成長の源に変えることができる

の生き方は、人によって異なってくる。

大切なのはアドラーが言うように、「**いかなる経験も、それ自体では成功の原因でも失敗の原因でもない**」と考えることだ。

アドラーは、「**子ども時代の不幸を、ある人は『努力』に結びつけるのに対し、別の人は『怠ける』口実に使うことになる**」と言っている。

過去の経験を変えることは誰にもできないが、その先にただ一つの未来しかないわけではない。

過去の人間関係における失敗は、時にトラウマになり、人を臆病にもするが、**人は傷ついた分だけ成長することができる。過去の不幸さえ前向きに捉えられる人にとっては、未来はいつだって無限の可能性に満ちている。**

第41話 自信をなくした時は、今日一日やったことをノートに書いてみる

「何もなかった」はずの一日でも、案外たくさんのことをやっている

人が人生の課題を回避しようとするのは、どんな時だろうか。

課題そのもののハードルが高い時は誰もが逃げたいと思うだろうが、アドラーはそれ以上に、「自分に価値がないと思った時だ」と言っている。

例えばアドラーは、こんな少年のケースを紹介している。

その少年は成績が悪く、周りからは怠惰とみなされ、級友ともうまくやっていくことができず、いつもからかわれていた。

アドラーが調べると、少年は強い劣等コンプレックスに苦しんでいることがわかった。非常にできのいい兄がいて、少年は母親や兄からいつも「バカ」と言われていたのだ。そのため「自分には価値がない」と信じ込むようになってしまい、勇気がくじかれたのだ。

しかし、少年は本当にダメな子どもではなかった。足りないのは自信だけであり、自信を回復すればすぐに級友と同じくらいやり遂

自信を失ったら、「今日一日やったこと」をノートに書いてみる

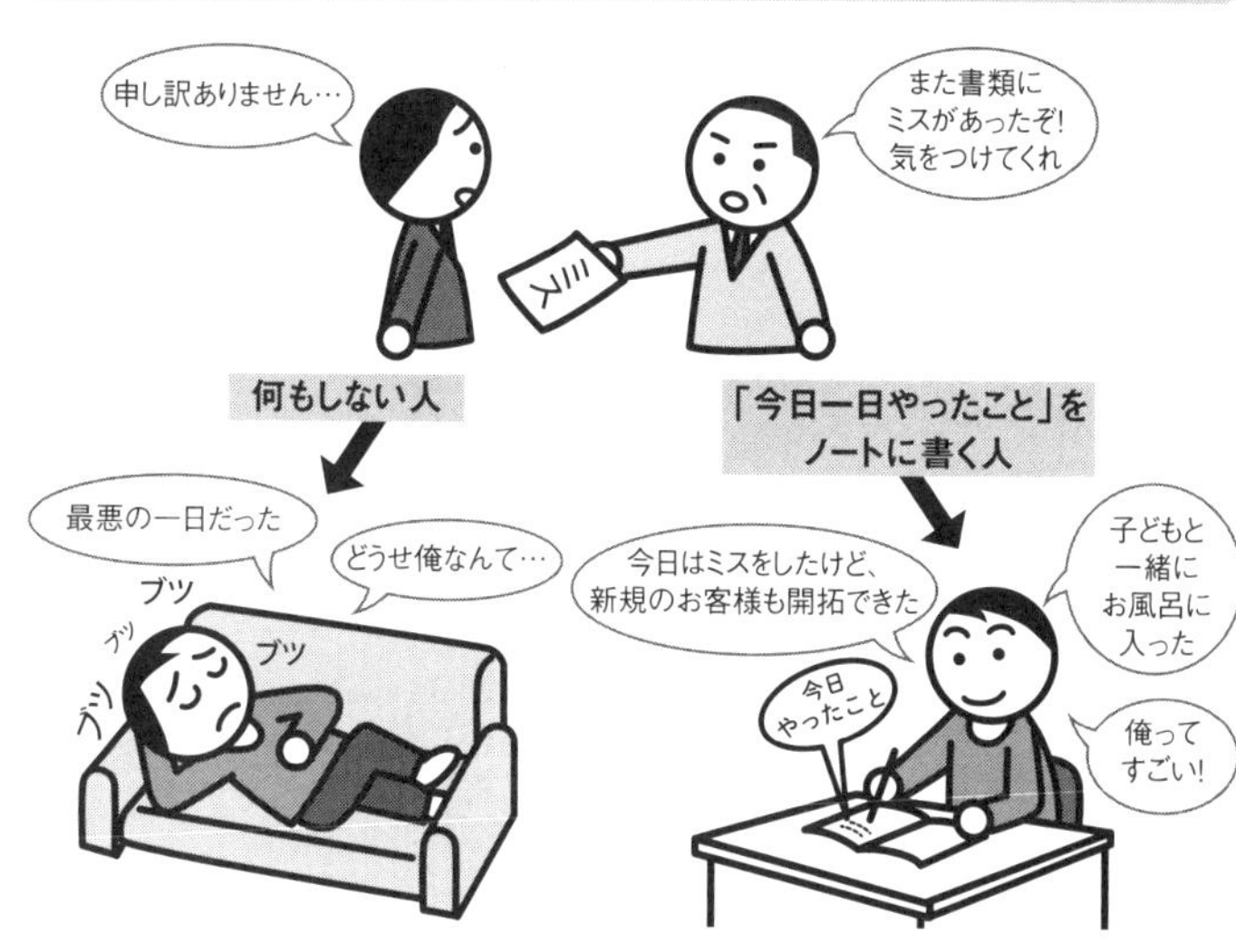

げる力を秘めている、というのがアドラーの見方だった。

アドラーによると、「**自分に価値があると思う時にだけ、勇気をもてる**」のである。

少年に限らず、自分に自信がもてない人はたくさんいる。

そんな時に有効なのが、**「今日一日、自分は何をやったのか」をノートに書いてみることだ**。書くと、「何もなかった」はずの一日でも案外たくさんの仕事をこなし、たくさんのことをやっていることがわかる。

そして、それを見れば、「自分も案外がんばっているな」と思えてくる。

そうやって、自分で自分の価値を信じることができるようになると、自ずと自信がもてるようになるのだ。

第42話 他人への劣等感がみるみる消えるとっておきの方法

「今、自分にできること」に全力を注ぐと、劣等感は消える

『代表的日本人』を著した近代キリスト教思想家・内村鑑三さんの言葉にこんな名言がある。

「われわれが死ぬまでには、この世の中を少しなりとも善くして死にたいではありませんか」

また、アドラーも私たちが生きる世界について、こんな言葉を残している。

「確かにこの世界には、悪、困難、偏見がある。しかし、それがわれわれの世界であり、その利点も不利な点もわれわれのものである」

この世界は決して完璧ではない。犯罪も起きれば、人種差別もある。私たちを導く立場にあるリーダーが不正を働くことさえある。だからといって、ある日突然、この社会が理想的な社会へとガラリと変わることはない。

大切なのは、**自分が取り組める問題から着手して、それを解決する方法を模索すること**

劣等感は今、目の前のことに集中することで消える

だ。

職場も同じである。今いる自分の職場がどんなにひどい環境でも、不平不満を言い募るだけでは何も変わらない。

本当にできる人は、職場環境の悪さを嘆くのではなく、「今、自分にできること」を次から次へとやる。

そうして、**「今、自分にできること」に全力を注いでいれば、アドラーが言うように「自分が他者よりも劣っているとか、負けたとも感じなくなる」のだ。**

この世界に生まれた以上、自ら行動を起こし、今より少しでも良い世界になるよう努力しよう。それこそが人としての務めなのだから。

第43話 あなたに才能がないのではない。間違ったやり方をしているだけ

人は適切な訓練さえ受ければ、何事も成し遂げられる

親は、どうしても自分の子どもと他の家の子どもを比べて一喜一憂してしまうところがある。「あそこの子はできるのに、なんでうちの子はできないんだろう?」とか「うちの子は、よその子に比べて成長が遅いのでは?」とあれこれ思い悩んでしまう。

中にはそれが行き過ぎて、自分の子育てが悪いのかと自分を責めたり、「うちの子は素質がないのか」と子どもの可能性を疑い始める親もいる。

ある幼児教育の専門家も、自分の子どもの「百ます計算」が遅いことに大いに悩んだ時期があるという。

長男は早い時期に「百ます計算」を1分以内でできたのに、次男はいつまでたってもできなかった。

最初は「自分の教え方が悪いのか、この子のできが悪いのか」と悩んだが、ある日、本来左利きの彼に対して、文字は右手で書くように修正していることが問題ではないかと気

正しいやり方を身につければ必ずできる

売上が上がらないんです…
雑談から始めて商品説明を細かくしています
お客様とどんな風に話をしている?
まずお客様の話を聞くんだ!
こちらの話はその後だ
契約します
こちらの要望をよく聞いてくれて安心しました
ありがとうございます

がついた。

　そこで、「1から100までの数字を雑でいいから右手で60秒で書けるようにして」と伝えたところ、しばらくすると数字だけなら60秒で書けるようになった。そこで、「数字を60秒で書けるんだから、計算だって60秒を切れるよ」と励ましたところ、あっという間に1分以内でできるようになったという。

　原因は「子どものできが悪い」からではなく、「字を書く訓練」の不足だった。まさにアドラーの「**適切な訓練が続けられれば、他の人ができることは何でも成し遂げられるようになる**」という言葉通りだった。

　人はたいていのことは訓練すればできるようになる。そして、できるまで、根気強く続けることが大切なのだ。

第44話 「今日一日の振り返り」を毎日の習慣にすると、大きな目標を達成できる

1を2とし、2を3とする。この積み重ねが成功のカギ

「生きることは進化することである」

この「生きることは進化すること」を実践することで大成功をおさめたのが、パナソニック創業者の松下幸之助さんである。

松下さんの第一歩は、ささやかなものだった。自らが考案したソケットを売ることで「食うための心配をしなくてもすむように」が、松下さんの創業の理由だった。そこから会社が大きく発展していったのは、「一日一日進歩を図る」という気持ちを強くもってい

生きるには目標が必要だ。目標があるから、人は行動をするし努力も続けられる。そして目標を達成すれば、喜びも湧いてくる。

アドラー自身、幼い日に「医師になる」という目標を掲げたからこそ、苦手だった数学も猛勉強で「できる」ようになったし、堅苦しく窮屈な学校の規則や勉強にも耐えることができた。

人が生きることについて、アドラーはこんなことを言っている。

「今日一日の振り返り」を習慣にする

1日目
今日の反省点は、企画書が仕上がらなかったことだ
企画書
2日目
メール
今日の反省点は、メールの送信先を間違ったことだ
次から出す前に見直そう
1年後
毎日コツコツと振り返りをしたら、社内トップの営業マンになれたぞ!

たからだ。

平穏無事の一日が終わった時、松下さんは「今日一日やったことは果たして成功だったか、失敗だったかを心して考える」ことで、失敗には対策を講じ、成功にはさらなる展開方法を考えることを習慣としていた。

その積み重ねが家業を成長させ、国際的な企業へと成長させる原動力となった。こう言っている。

「策略も政策も何もいらないのだ。1を2とし、2を3として一歩一歩進んでゆけばついには彼岸にも到達するだろう」

まさにアドラーの言う「生きることは進化する」ことである。昨日よりもほんの少しの成長を心がけるだけで、人は案外すごいところに行けるし、社会の進歩にも貢献できる。

第45話 自己肯定感の高過ぎる人が陥りがちな残念な考え方

自己過信の強い人は、何も学ばない人

ある事務機器メーカーに、「弟子入り」という制度がある。

商品の開発担当者をコピーセンターなどに1週間ほど「弟子入り」させて、ユーザーの使い方を研究する制度である。

開発担当者ともなれば、自社の製品のことは、当人が一番よく知っているはずだ。

ところが、実際に現場でユーザーの使い方を見ていると、ユーザーたちは開発者自慢の機能には目もくれず、時には自分たちが想像もしなかったような使い方をすることがあるそうだ。

この気づきが、商品開発に大いに役立つという。

「何でも知っていると思うなら、それはもう既に死んでいるということだ」は、「プロレスの神様」と呼ばれたカール・ゴッチの言葉である。

この言葉は、ギリシャの哲学者ソクラテスの言った**「私は自分の無知を知っているとい**

自分の未熟さを知っている人は伸びしろのある人

う点では、彼らよりも知恵ものであるらしい（無知の知）」に通じるものがある。

人が成長し続けるためには、「自分はまだまだ」という気持ちが欠かせないが、アドラーによると、反対に「自分はすごい」と思い込んでいる人にはそれができないという。

「大きな優越感をもち、『自分にできないことは何もない』と信じている人がいたとしよう。彼は『何でも知っている』と思い込んでいるので、何も学ぼうとしない」

「自分はまだまだだなあ」と気づくことは、自分の未熟さを突きつけられるようで嫌がる人もいるだろう。

ただ、「自分には伸びしろがある」と考えれば、今よりも自分に期待できるようになる。

第46話 アメリカ大統領流 しつこい怒りがみるみる消える法

怒りの感情そのままに手紙やメールを書いて、2、3日置いておくとよい

「怒って叱りつけることは、人と人の距離を遠ざける」

そう頭でわかっていても、なかなか怒りの感情がおさまらない時がある。そんな時はどうすればいいのだろうか。

アメリカの自己啓発の大家デール・カーネギーが、しつこい怒りへの対処法について、米大統領リンカーンのエピソードを紹介している。

アメリカ南北戦争の頃の話だ。リンカーン率いる北軍は、南軍を壊滅できる絶好の機会を得た。にもかかわらず、現場の将軍ミードはリンカーンの攻撃命令を拒否、結果的に勝利を逃してしまう。明らかな軍規違反に激怒したリンカーンは、すぐにミードを非難する手紙を書いた。しかし、結局はその手紙を出さなかった。理由はこうだ。

「そのようなことをしても、何の役にも立たないからだ。そんな手紙を送っても、ミードは自己を正当化し、逆に私を非難するように

しつこい怒りはメールや手紙に書くとおさまる

なるのが関の山だろう」

アドラーも怒りについて、「**怒りの感情は人と人を引き離す**」と言っている。

リンカーンのモットーは「人を裁くな」だった。そのため怒りに駆られることはあっても、それを相手にぶつけることはなかった。

だから、もしあなたが人を非難したい衝動に駆られたら、**まず怒りの感情そのままに手紙やメールを書くことだ。**

そして2、3日置いてもう一度それを読み返してみるといい。その頃には、すっかり怒りの感情はおさまっていて、結局それを出すことはなくなるはずだ。

ストレス発散のために、相手に怒りや不満をぶちまけるのはやめにしよう。癇癪（かんしゃく）は5分口を閉じていればおさまる。

コラム

アドラー心理学を理解するためのキーワード④「共同体感覚」

私たち人間は誰しも何かの共同体に属して生きている。家族や学校、会社、市町村、国……、共同体の形は様々だが、そこでは周りにたくさんの他者がいて、私たちは他者と結びついて生きている。それがアドラーの言う「共同体感覚」である。

人はそれほど強い存在ではないので、１人で生きていこうとすると、か弱くはかない存在となるが、他者と結びつき、協力することでその弱さや欠点、限界を乗り越えていくことができるのだ。

だから、アドラーが言うように「私たちはみな仲間です」と考えると、その仲間と力を合わせ、仲間であり他者に貢献し、貢献感をもつことで、自分に価値があると思えるようになる。

そしてこの共同体感覚こそが、対人関係のゴールとなる。共同体感覚のために必要なのは次の３つである。

①自己受容

ありのままの自分を受け入れるということ。現実の自分は、理想とする自分と比べて良いところも悪いところもあるかもしれないが、ダメなところも含めて、まずありのままの自分を受け入れる。そうすることで、人は対人関係の中に入っていく勇気をもつことができる。

②他者貢献

自分が誰かの役に立てている、貢献していると感じられる時、人は自分に価値があると思え、自分を受け入れることができる。

③他者信頼

他者を「仲間」として信頼できることが、他者信頼の前提となる。

私たちは１人で生きているわけではない。共同体感覚をもち、自己の利益を追求するだけでなく、他者に貢献することで幸せを得ることができる。

第5章

「いざ」という時、周りに助けられる人の共通点

第47話 なんでも1人でやろうとせず、協力し合える仲間をもつ

信頼して、協力し合える仲間が見つかった時点で成功したのも同じ

アメリカのあるベンチャーキャピタルの調査によると、起業にあたって創業者が2人というのはとても好ましいという。

確かにマイクロソフトも、グーグルもアップルも複数で起業しているし、日本でもソニーやホンダなどの創業者は実質2人である。

なぜだろうか？　アップルの創業者、スティーブ・ジョブズとスティーブ・ウォズニアックは、年齢は少し離れているが、学生時代からの知り合いだった。早くから無料で電話をかけるブルーボックスという機械をつくって販売するといった違法すれすれのことをやっている。

「あれを売ったのはまずかったと思うけど、でも、僕のエンジニアリング力とジョブズのビジョンで何ができるのか、それが何となくわかったのは大きかった」とは、ウォズニアックの言葉だ。

ウォズニアックはエンジニアリングの天才だが、ビジネスの才能はない。一方のジョブ

「いざ」という時、助けてくれる仲間をもつ

ズにはウォズニアックのような何かを発明する力はないが、ビジョンを描く力や交渉術はずば抜けていた。

そんな2人がお互いをパートナーとして認め、協力したからこそアップルは世界を変える企業になった。

この世にすべてを、1人でできる天才などいない。

アドラーが言うように人間には、「**協力することでお互いに足りないものを補い合う力**」がある。人は1人では生きられないからこそ、良きパートナーや友人を求める。

そして互いに補い合える相手を見つけた時、大きな成長や成功がもたらされる。大切なのは、**1人で何でもできる力より、助け合える本当の仲間を何人もっているかである。**

第48話 「協力する力」「協力される力」は訓練しなければ身につかない

協力する訓練を受けたことのない人が、協力が苦手なのは仕方がない

コロナの感染拡大によって、テレワークが一気に普及することとなったが、そこで新たに生まれたのが家族間でのストレスである。

これまで、仕事におけるストレスは職場での人間関係が主だったが、テレワークによって「自宅で働く」が当たり前になると、職場での人間関係より、家庭内での人間関係がストレスとなってくる。

例えば、共働きだった夫婦が、狭い家の中で一緒にテレワークをしていると、それだけでも気を使う。その上、食事の用意や洗濯などは誰がするのか、子育ての役割分担をどうするかといった、これまであいまいだった問題が一気に表面化してケンカになる。

もちろん夫は夫なりに協力しているつもりだが、妻にしてみると家事や子育てのほとんどを任せきりの夫が、協力的とは思えなくなってくる。

「人間は1人で生きていくには弱い存在だが、分業や協力を通してみんなで力を合わせ

「協力」も訓練しなければ身につかない

て社会的発展を可能にしている」と言うのがアドラーの考え方だ。

一方でアドラーは、地理を教わらなかった子どもが、地理の試験で高得点をとることができないように、**「協力する訓練を受けたことのない人が、協力が苦手なのは仕方がない」とも指摘している。**

人生の課題の多くは、解決に向けて「協力する能力」を必要とする。だとすれば、協力する能力はその不足を認識し、教え、学び、訓練し、鍛えることが必要となる。

協力する訓練がなされてないパートナーに期待し過ぎるのはやめよう。イライラするのはやめにして、互いに協力する能力を少しずつ身につけよう。人はいくつになっても学ぶことができるし、成長できるのだから。

第49話

「困っていたら助けてもらうのは当然」という考えを捨てる

相手には相手の事情がある

アドラーによると、両親に甘やかされて育った2人が結婚をすると、2人とも相手に「甘やかされたい」とは思っても、自分が相手を「甘やかす」側には回りたくないと考えるという。

つまり、自分は相手に貢献することを求めるけれど、相手のために自分は貢献したくない、ということだ。

こうした人たちは、すべてのことにおいて最初から他人に援助を求める傾向があり、アドラーはこうした行為を平気でできる人を「他者の共同体感覚を搾取(さくしゅ)する人」と呼んでいる。

例えば、自分は、同僚から「今日中にやらないといけない仕事があるんだ。手伝ってくれないか」と言われても、「今日はちょっと用事があって無理」と断るのに、相手から自分の頼みを断られると「どうして助けてくれないんだ」と怒る人。

そういう人の根底にあるのは、「自分が困

「困っていたら、助けてもらうのは当然」と考えてはいけない

っているのだから、相手が助けるのは当然」という勝手な思い込みである。

確かにこの世には、自分の力だけではどうしようもない時がある。そんな時、他人の助けを求めるのは間違っていない。

ただ、その際に思い出してほしいのは、アドラーの「**助けを求められた人が助けるかどうかは、厚意ではあっても義務ではない**」という言葉である。

まずは「自分が困っている時、誰かが助けてくれるのは当たり前」という考えを捨てる。

そして、今の自分の力で、できることを精一杯やることだ。

その姿を見て初めて、周りの人は「助けよう、手伝おう」と思うのである。

第50話 できない理由を遺伝のせいにしたくなったら、先祖の人数を数えてみる

10代も遡れば先祖は2046人。遺伝のせいにはできない

勉強のできる友人と自分を比べて、「彼の家は頭のいい家系だから当然だけど、うちなんか……」と自分の出来の悪さを家系のせいにする人がいる。そうした見方にアドラーは「ノー」を突き付けている。

つい私たちはものごとを起源にまで遡り、理由をそこに求めがちだが、アドラーが言うように**「5代遡れば、62人の先祖がいる」**し、**「10代遡ると、先祖は2046人いる」**ことになる。つまり、これほどまで遡れば、1人や2人くらいは天才的に頭のいい人がいるものだ。

相対性理論で知られるアインシュタインは紛れもなく「科学の天才」だが、ある人から「両親のどちらから科学的才能を受け継いだのか」と尋ねられた時に、**「私は特別な才能などもっていません。ただ、極端に好奇心が強いだけです。ですから、遺伝のことは問題になりません」と言い切っている。**

もし、ある家族が他の家族より有能な人を

遺伝や家系のせいにしていても何も始まらない

多く出すのだとしたら、それは遺伝ではなく、家の伝統や社会制度によってもたらされたものではないだろうか。

では、遺伝も家の伝統も期待できない人はどうすればいいのか。

そんな人は、『成り上がり』で知られる歌手の矢沢永吉さんの言葉を思い出すといい。

「うちは裕福だからとうそぶいている人だって、そのご先祖の誰かが成り上がったんですよ」

矢沢さんが言うように、どんなに栄華を極めている一族だって先祖の誰かが「成り上がった」からこそ今がある。遺伝だ、家系だと過去に遡ってあれこれ言い募る暇があるなら、自分で成功して、家族や子孫に良い伝統を引き継ぐ「有能な1人」になればいい。

第51話 問題は1人で抱えこまない。みんなで分かち合って解決する

人は頼られるとうれしいもの。問題は共有してスピード解決

後に、ある大企業の社長となったAさんの話だ。

Aさんは管理職になったばかりの頃、問題を1人で抱え込んで大いに苦しんでいた。

周囲と歯車がかみ合わなくなり、がんばりも空回りするようになった。悩むAさんに、1人の先輩がこんな声をかけた。

「肩の荷は分かち合うものだよ」

謙虚になって周りを見渡せば、いろいろな能力をもった上司や先輩、同僚や部下がいる。

それを忘れてなんでも「自分が、自分が」と力んだ結果が失敗へつながっていることに気付いた。

以来、Aさんは問題を分割して、「これは彼に頼もう、こっちはあの人に」と考えるようになった。そうやってみんなで協力し分かち合うと、みんなが喜んで力を貸してくれるようになったのだ。

人はみな不完全で、弱さをもっている。

問題は1人で抱え込まず、みんなで分かち合う

その弱さゆえに「人間は社会の中で生きる」ようになっているし、「**正しく組織された社会では、能力の不足を協力によって補償できる**」と言うのがアドラーの考え方だ。

Aさんはこの経験を通して、**あらためて仕事はチームプレーであることを自覚した**。

どんなスーパースターも1人では敵陣突破はできないし、できたとしても長続きすることはない。

あなたも、問題を1人で抱え込むのはやめにしよう。

みんなの知恵や力を借りながら前に進めば、足取りはぐっと軽くなるし、多少の難問を前にしても、くじけることはない。

第52話 三流は上司の言う通りやらない 二流は上司の言う通りやる 一流は上司よりうまくやる

一度アドバイスをもらったら、次は自分の頭で考えよ

トヨタ式に「上司の言うとおりにやる奴はバカ、やらん奴はもっとバカ、もっとうまくやる奴が利口」という言葉がある。

仕事は上司の指示通りにやるのではなく、いつも「もっといい方法はないか」と自分の頭で考え、自分の責任で行動しろということである。

こうした社員を育てるのには時間がかかるし、時に失敗もするが、「答えを教えるのではなく考えさせて」こそ、本当に知恵ある社員が育つことになる。

子育ても、同じだ。

アドラーによると、子どもが何か言う前に、親が先回りして何でもやってしまうと、子どもの「自分でやろう」という気持ちを削いでしまうという。

こんな言葉を残している。

「たとえ子どもが病気で特別の注意を必要とする場合ですら、母親は思慮深く子どもの自立心の息の根を止めないようにすべきです」

アドバイスをもとに自分で考え行動する

自立心のある子どもを育てたいのなら、「親は思慮深く子どもの自立心の息の根を止めないようにする」ことが欠かせない。

それは仕事も同じだ。

自分を成長させたいのなら、一度上司のアドバイスや助けをもらったら、あとは自分の頭で考え、自分の責任で行動してみることだ。

あるいは、自立心のある部下を育てたいなら、先回りせずアドバイスしたい気持ちをぐっとこらえて見守ることだ。

自立心は、失敗や成功を自らの手で体験して初めて本物になる。

第53話 あなたは最初から高い目標を掲げてチャレンジする派か？ そこそこの目標で妥協する派か？

目標の掲げ方で、成長度合いは変わる

目標があるからこそ、人は前に進むことができる。ここで大切になってくるのが、「どんな目標、どれほどの目標を掲げるか」である。

トヨタが高級車「レクサス」専用の販売網をつくろうとなった時に掲げた目標は、「世界最高の販売・サービスを実現する」だった。

高すぎるこの目標には異論も多かったが、プロジェクトの責任者は「どこまでのレベルを達成できるかは、最初に置く目標で決まる」として決して妥協しなかった。

結果はご存じの通り、トヨタ車のトップブランドとなった。

アドラーが、人生の目標を決めたのは5歳の時である。冬の日、友だちとアイススケートに出かけたアドラーは、医師から「この子は助かりません」と宣告されるほど、ひどい肺炎にかかった。

幸いにも両親の手厚い看病のおかげで肺炎

から回復、この時アドラーは「私は医師にならなければならない」と決心している。

途中、挫折しかけたこともあったが、「医師になる」という強固な目標をもっていたおかげで、その意欲が失われることはなかった。アドラーは言う。

「一本の線を引く時、目標を目にしていなければ、最後まで線を引くことはできない」

何事も走り始めてから、目線を上げるのは難しい。少しがんばれば手の届く目標にするか、かなりのがんばりが必要な目標にするか。どちらを掲げるかで「線の行方＝人の成長」は大きく変わってくる。

そして、**最初から高い志を掲げて、必死になって努力するからこそ、達成できる目標もあることを知っておきたい**。

第54話 「もう無理だ」と思ってから、あと1ミリ努力する勇気

その1ミリが、あなたの限界を突破させる

プロ野球の名監督だった野村克也さんによると、伸び悩んでいる選手のほとんどが「自分はこれで精一杯だ」「自分の力はこれまでだ」という「自己限定」をしているという。

しかも多くの場合、その限界に根拠があるわけではなく、ちょっと壁にぶつかって「自分はこんなものだ」と諦めてしまい、挑戦しなくなってしまうらしい。

人が成長していく上で気をつけたいのが、**「自分で自分に限界を引く」ことだ。**

自分で勝手に「これ以上は無理」と限界を決め、妥協し、「今の自分」で「よし」としてしまう。

これが野村さんの言う「いわれなき自己限定」だ。

野村さんがやったのは、**こうした選手に自信をもたせ、もっている能力をもう一歩引き出すことだった。**

例えば、スピードボールが投げられなくなった投手に、コントロールの大切さを教える

「もう無理」と感じた時こそ自分を伸ばすチャンス

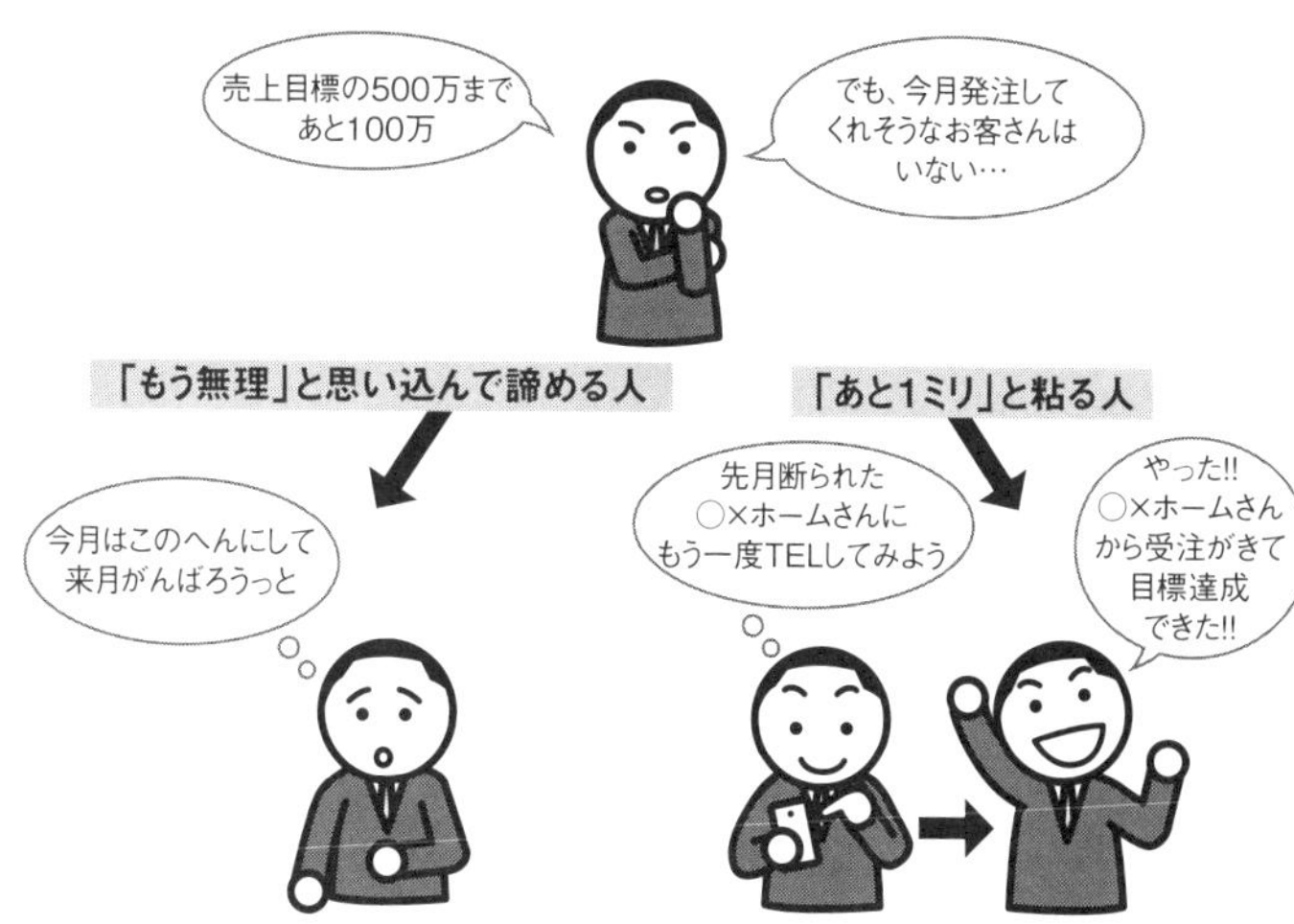

ことで新たな能力を引き出し、選手生命を延ばした。

大切なのは、アドラーの言う「**たいていの人は今よりも遠くに行くことができる**」と本気で信じることだ。

仕事でもちょっと難しい課題にぶつかると、すぐに諦めてしまう人がいる。

しかし、そこで諦めることなく「あと少し」がんばることで壁は突破できる。

自分で自分に限界を作ることなく、「もっと行ける」と信じれば、努力もできるし、実際にもっと遠くへ行くことができる。

「もう無理」と感じたら、「あと1ミリだけ」粘ってみよう。案外、簡単に壁は越えられるものだ。

第55話

「うらやましい」は成長の源「ねたましい」は衰退の原因

「ねたみ」は、過去の自分と比較することで解消する

人は誰でも劣等感をもっているし、嫉妬心も抱く。世の中には自分より優れた人、恵まれた人がいて、そんな人たちと自分を比べて、時に悲しい気持ちになったり、辛い気持ちになる。

仕事も同じだ。

同僚が大きな成功をおさめたり、先に昇進すると「すごいなあ」と思う反面、その幸運をうらやましく感じることもある。

アドラーはこうした嫉妬の感情について、「少しぐらいの嫉妬心なら特に害はなく、ごく普通のことだ」と言っている。

しかし、注意すべきは、嫉妬心が負の感情とつながった時だ。こう言っている。

「『うらやましい』ではなく『ねたましい』と感じる方の嫉妬心は、人生における無益な態度につながる」

「うらやましい」は、自分より優れている人を見て、「自分もそうなりたい」と思うのに対し、「ねたましい」は文字通り優れた人に

「ねたみ」は自分の成長を阻むから注意

……
ありがとうございます
6ヶ月連続で目標達成したな
さすがだ!!
「ねたみ」が消えない人
「ねたみ」を解消する人
あいつより俺の方が実力があるのに…
課長にあいつのルーズなところを告げ口しよう
ぼくもあいつみたいになりたい!!
よーし!がんばるぞ!

対する「ねたみ」や「恨み」という負の感情を伴うことになる。

自分と誰かを比べて「劣っている」と感じるだけなら、自分にはまだまだ解決すべき課題があり、それだけ「伸びしろ」があるということで終わる。しかし「ねたましい」となると、その気持ちは自分にではなく、「相手」に向かうから注意が必要だ。

そして、**「ねたましい」感情が湧いてきた時は、自分のその感情を無理に否定しないこと。「自分は●●のことをねたんでいるんだ」と受け入れ、相手とではなく過去の自分と比べるようにしよう。**

過去の自分と比べることで、自分の成長が実感でき徐々にねたみの感情が消えていくようになる。

第56話 成功は「目の前のことに心を込めて対応する」の積み重ね

人の道に外れた成功は長続きしない。誠実にひたすら努力する

何をもって「人生の成功」というのか？定義は人それぞれだと思うが、「日本資本主義の父」渋沢栄一さんは次のように述べている。

「成功や失敗というのは、結局、心を込めて努力した人の身体に残る糟のようなものだ」

道理を踏んで誠実にひたすらに努力することが大切であり、その結果として成功がある、と渋沢さんは言う。つまり、成功か失敗かという結果よりも、道理に外れない生き方が大切だと説いているのだ。

アドラーは「人は何にでもなれる」「人は今よりも遠くに行くことができる」と楽観的な言い方をしているが、アドラーの言うように生きれば絶対に成功できるかというと、そうではない。こう言っている。

「われわれは正しい態度で人生を生きる人がすぐに成功すると約束はできないが、勇気を持ち続け、自尊心を失わないことは約束できる」

「結果さえ良ければ」の人の成功は長続きしない

アドラーが提唱する共同体感覚や協力する能力を学び、身につけ、実践したからといって、すぐに成功するとは限らない。とはいえ、それらを学ばなかった人の成功は人々の利益にならず、長続きしないものだ。

これらをしっかりと身につけ実践する人こそ、人生の課題を解決しようという勇気をもち続けることができるし、人々にも貢献できる、というのがアドラーの考え方である。

時に「結果さえ良ければいい」と言って、手段を選ばないやり方で成功を目指そうとする人がいるが、このような人の成功が長続きすることは決してない。

それよりも**目標に向かって愚直に地道に努力する力、困難に立ち向かう力、正しく生きる力を身につけることこそが大切なのだ。**

第57話 過去の成功体験は捨てる。変化し続ける人が生き残る

新しい環境になった時は変化の時。臆せず変化を続けよう

ある調査によると、アジア太平洋14ヶ国で管理職になりたい人の割合は21・4％と日本が最も低いそうだ。今の若いビジネスパーソンにとって、マネジャーへの昇進意欲はかつてほど高いものではないらしい。

それでも私は会社で働く以上、ある程度の出世はした方がいいと考える。**自分のやりたいことをやれるチャンスが増えるからだ**。

ところが、昇進というものは、時に会社にとっても、昇進した人間にとっても不幸なものになることがある。

経営学者のピーター・ドラッカーは、いろいろな国でコンサルタントをする中で「人材の最大の浪費は、昇進人事の失敗にある」と言う。

つまり、会社が認めて昇進させた「有能な人」のほとんどが、「期待したほどではなかった」という評価で終わるというのだ。

では、なぜ5年、10年と成果を上げてきた人が、昇進によって「凡人」と化すのだろう

過去の成功体験にすがらない

か？　理由は、新しい任務に就いても、以前と同じやり方をするからである。過去の成功体験にとらわれ、同じやり方を続けてしまうため、がんばりが空回りしてしまうのだ。

こんな時どうすればいいか？　アドラーの次の言葉を思い出すことだ。

「我々は必要な時に子どもの頃の人生戦略の誤りに気づき、それを変えることで成長できる」

時代や環境が変われば、仕事のやり方も「戦略の変更」が必要となる。

新しい環境になった時、「今の自分に必要なことは何か」を考え、新しいやり方や考え方を学んで、「新しい自分」をつくること。

人は何度でも変わることができるし、人は何度でも成功できるのだ。

第58話 性格診断、占いにとらわれ過ぎて自分の可能性を潰すな

「自分はこういう人間だ」と自分で自分にレッテルを貼らない

テレビや雑誌などで心理学者が活躍する場面の一つが、「性格のタイプ分け」である。一枚の絵を見せ、そこから何を連想するかを選択させて、「1を選んだ人はAタイプ、2を選んだ人はBタイプ」などとタイプ分けをする。

選択肢はせいぜい3つか4つだから、それだけで1億人以上の人間を分類するには無理があるはずだが、自分の性格や相性を知りたいという人には、根強い人気がある。

だが、ここで気をつけたいのがアドラーの言う「**タイプは利用できる。それどころか利用しなければならない。しかし、似たものの場合でさえ、他ならぬこの人は違うということを忘れてはならない**」だ。

日本人の好きな血液型占いを、例に考えてみよう。

「いかにもB型」っぽい人もいれば、「ちっともB型らしくない」人もいるように、「B型」だからといって「B型らしく」生きる必

「タイプ分け」を盲信しない

要はない。

ましてやタイプ分けを「私は一人っ子だから、○○は苦手なんだ」「僕はB型なので○○ができない」といった「できない言い訳」に使うほど愚かなことはない。

自分のタイプを知りたいという欲求は、誰にでもある。

しかし、それがわかったからといって、そのタイプに合わせて生きる必要はないし、誰かを無理にタイプに押し込める必要もない。

重要なのは、**タイプを知ることではなく、成長していくためにはタイプを変える必要があると知ることだ。そして、タイプに逃げ込むことなく課題に挑戦することである**。人は安易にレッテルを貼りたがるが、人間はそれほど単純ではないからこそ面白いのだ。

第59話 過去の失敗を引きずる人「糧」にする人の差

原因が過去にあることがわかったら、認めて前に進もう

精神科医やカウンセラーの中には、相談者が抱える生きづらさや困難の原因を「過去」に求める人がいる。

今起きていることの原因を過去に求め、それまで気づかなかったり、気にもとめていなかった出来事を思い出させてこう言うのだ。

「今あなたは苦しんでいるのはあなたのせいではない。過去の辛い体験のせいです」

確かに生きづらさの原因が、過去の出来事や親であることは少なくないだろう。

だからといって、いつまでも過去の出来事に目を向けているだけでは何の解決にもならない。アドラーはこんな言葉を残している。

「**進歩を目指して努力する方が、過去の楽園を探すよりもいいことだ**」

仮に過去の出来事が今の自分の困難の原因だとしても、過去に遡ってやり直すことはできない。確かに気持ちは楽になるかもしれないが、目の前にある課題が解決したわけではない。

過去の失敗を未来に活かす

それよりも、これから何ができるかを考え、少しでも課題を前に進める方がいいのでは、と言うのがアドラーの考え方だ。

人は誰しも、過去に様々な経験をしている。

良いこともあれば、悪いこともある。

しかし、後になって振り返ってみると、そのすべてがつながり、今の自分を形作っていることに気づく。

過去を悔やまず、「あの経験があるから今がある」と考えてみればいい。

スティーブ・ジョブズではないが、「点と点がつながる」と信じるだけで、人は前を向いて歩くことができる。

第60話 たとえ協力者がいなくても、いいと思ったことは実践する

他人を気にする暇があったら、自分から動け

世の中には、様々な人がいる。

学校や会社にも様々な人がいて、あなたに協力的な人もいれば、そうでない人もいる。肯定的な人もいれば、否定的な人もいる。だからといって、それらをいちいち気に病む必要などない。

アドラーがこんな例をあげている。

雑踏で足を滑らせて倒れ、すぐには立ち上がれない老人がいた。誰も助けようとしない中で、ようやくある人が助け起こした。その瞬間、どこからともなく1人の人間が現れ、老人を助けた人をこう賞賛した。

「とうとう立派な人が現れました。私はそこで待っていたのです。誰が老人を助けるか、私はそこで待っていたのです」

突然現れた人の行為は、明らかに間違っている。

そこに倒れている老人がいれば、まず老人を助け起こすことだ。

もし何かの事情で自分にそれができないなら、近くの人に助けを求めるべきだ。しか

批評するのはやめて今すぐ行動せよ

し、この人は自らは行動を起こすことなく、人の行動を論評することで、自分の立場、自分の正しさを誇示しようとしている。

何事もまずは主体的に動くことだ。他の人がどう動くかを見張っている必要などない。

アドラーは言う。

「**誰かが始めなければならない。他の人が協力的でないとしても、それはあなたには関係ない。あなたが始めるべきだ。他の人が協力的であるかどうかなど考えることなく**」

時に、会社などで「上司がわからず屋で」などと言い訳をする人がいる。

大切なのは、何もせず、ただ論評するだけの人になってはいけないということだ。**今できることを、次から次へとやる。その積み重ねが、あなたの評価を高めることになる。**

第61話 「●●さんに言われてやりました」をやめる

どんなにすごい人のアドバイスでも、最後に決めるのは自分

世界一の投資家と呼ばれるウォーレン・バフェットは若い頃、株主総会で出会った投資家のルイス・グリーンに「どうしてこの株を買ったのか?」と聞かれたことがある。

その時バフェットは「(バフェットの師である)ベンジャミン・グレアムが買ったから」と答えたところ、ルイスから「ワンストライク」と言われてしまった。つまり「人に勧められたから買うのではなく、自分の頭で考えろよ」という意味であり、この言葉は生涯バフェットの戒め(いまし)となった。

何かを行う時、「親に言われて」「先生に言われて」「上司に言われて」は、やる前から失敗した時の言い訳を用意しているのと同じである。

失敗の責任を負いたくないという気持ちがあるからこそ、「○○に言われて」にこだわるのだ。大切なのは、**何ものにも隷属(れいぞく)せず、自ら選択し、自らの責任で行動することだ。**

アドラーは第一子のヴァレンティーネがウ

人のせいにしているうちは、いつまでたっても成長しない

イーン大学を卒業したことを祝して、次のような手紙を送っている。

「今やあなたは完全に自由であり、自分自身の人生を自分のやり方で築いていかなければなりません。あなたを縛り付ける特定の規則とか規律というようなものは、もはやありません。あなたがたどるのに値する、数多くの道があるだけです。何を選択するかという問いすらありません。あるのは、あなたが選択したことをどのように行うかということであり、あなたが到達することを決めたレベルがあるだけです」

目指すレベルも自分で決めるからこそ、人は成長することができる。

厳しくとも「決めるのは自分」「やるのは自分」を大切にしよう。

第62話 1万の「いいね」より「たった5人の友だち」

本当の友だちと深い付き合いをする方が、現実を生き抜く力になる

SNSを通して、誰でも簡単に自分の考えを発信できる時代である。SNSを通して、誰とでもつながることができる時代である。

SNS上では、たくさんのフォロワーを抱えている人が価値ある存在であり、たくさんの「いいね」をもらうことで、自分の承認欲求を満たしている。

ところが、こうした「たくさんの人とつながること」「誰とでも仲良くできる」という今のあり方に対し、「本当の友だちは5人いればいい」と言い切っているのが、作家の佐藤優さんだ。

佐藤さんによると、SNSでどれだけたくさんの「いいね」をもらったとしても、その人たちは自分が窮地に立たされた時に、本当に力になってくれるとは限らない。親しさと本当の人間関係は、本質的に異なるからだ。

であれば、SNSでたくさんの人の「いいね」をもらうことより、**数は少なくとも、本当の友だちといえる人間と深い付き合いをす**

「本当の友だち」との時間を大切にする

るほうが、現実を生き抜く力になる、と佐藤さんは言うのだ。

ただ、もしあなたが、佐藤さんの「本当の友だちは5人いればいい」を「少ない」と感じるようなら、アドラーの「**たった一人でも私のメッセージを理解して、それを他の人に伝えてくれれば、私は満足だよ**」という言葉を思い出してみるといい。

あなたと会ったこともない人たちの1万「いいね」よりも、たった一人でいい、あなたのことを真に理解してくれる人をもつことがどれだけ価値あることか。

周りの人に対して「私たちはみな仲間です」という共同体感覚はもちつつも、「本当の友だち」との時間を大切にすることが、あなたの人生を豊かなものにしてくれる。

第63話 お金をもうけ過ぎて、体調を崩してしまった石油王の話

寄付する人が成功するのはなぜ？

米国史上最も莫大な富を築いたとされるジョン・ロックフェラー。彼は石油王として大成功をおさめたものの、世間からは「泥棒男爵」と蔑まれ、53歳の時には死に瀕するほど病んだ。

そして、週100万ドルの収入があるにもかかわらず、医師から週2ドルの食事しか許されていなかった。長年にわたる「金、金、金」の生活が原因だった。

ところが、慈善事業を積極的に始めたところ、体調はみるみる良くなり、結局、97歳で天寿を全うしている。

お金や権力をもつ者には、「もてる者の義務」がある。

アドラー自身、「蓄える人」ではなく、思想を含めてもてるものは惜しみなく与える人だった。

アドラーは、人間関係を厄介なものにする性格として、虚栄心と嫉妬をあげている。

虚栄心は自分を実態以上に見せたいという

自分の得ばかり考える人は不幸せ

気持ちが自己の成長を妨げる原因になるとし、嫉妬心は相手を引きずり下ろしたいという敵意が、円滑なコミュニケーションを妨げる、とした。

もう一つアドラーが厄介な性格としてあげているのが、貪欲である。

「貪欲は献身することを惜しみ、わずかな財産を守るために、自分の周りに壁を高く積み上げる」

人と人の関係は、「コスパ」だけで考えない方がいい。

「ギブ&テイク」ではなく、時には「ギブ&ギブ」が人間関係を豊かにすることもある。

自分が得する、稼ぐことばかり考えるのではなく、稼いだら人に施す。それが、あなたの人生を楽しく豊かなものにする。

コラム

アドラー心理学を理解するためのキーワード⑤「優越性の追求」

ほとんどの人は、今よりも優れた存在になりたいと考えて生きている。

アドラーはこれを「優越性の追求」と呼んでいる。そして「優越性の追求」と対をなすのが「劣等感」である。

「優越性の追求」や「劣等感」というと、何だか他者を押しのけて自分一人が抜け出ようとする、とかコンプレックスの塊となって思い悩む姿をイメージするが、アドラーは「優越性の追求」も「劣等感」も、努力と成長への大いなる刺激となる、とても前向きなものとしている。

なぜだろうか？

例えば「優越性の追求」は、他者との競争ではなく、今の自分から少しでも向上しよう、前へ進もうと努力をする姿を指している。

他者との競争と捉えると、ライバルを蹴落とそう、そのためには手段を選んでいられないといった、間違った方向に行く恐れがあるが、「自分との競争」であれば、学び努力することで人は少しずつでも成長するわけで、大きな喜びとなる。

また、アドラーの言う「劣等感」は、理想とする自分と今の自分との比較から生じるもので、「理想の自分と比べて今の自分はまだまだだ」と感じるからこそ、人は何かを学ぼうとするし、懸命に努力をすることができる、となる。

「優越性の追求」も「劣等感」も、「少しでも成長したい、上手になりたい」という前向きな行動につながるものだ。

そして、人が成長し続けるためには「昨日より今日、今日より明日」と少しでも前に進む意識をもつことが、とても大切なのだ。

第6章

「話が通じない人」に、話が通じるようになる人間関係術

第64話 話が通じない相手に話が通じるようになる心構えとは？

コミュニケーションに必要なのは「量と質」。何度でも話す覚悟をもつ

仕事で、自分の話の意図が伝わらず、イライラしたことはないだろうか。「なんでこれくらいのことがわからないんだろう？」と心の中で毒づいたことはないだろうか。

ある時、作家の井上ひさしさんが**「難しいことをやさしく、やさしいことを深く、深いことを面白く、面白いことをまじめに、まじめなことを愉快に」と言っていた。**

つまり、**難しく厄介なことも、まず自分がよく理解して、相手に伝わるようなわかりやすい言葉で伝えることが大切なのだ。**

アドラーが、あるところで講演した時の話だ。

聴衆の一人が「みんな当たり前の話（コモンセンス）ではないか」と聞いたところ、アドラーは「コモンセンスのどこがいけないのか？」と答えた。続けて、こんなことも言っている。

「私はいつも私の心理学を単純にしようとしてきました」

相手に伝わるよう根気強く話す

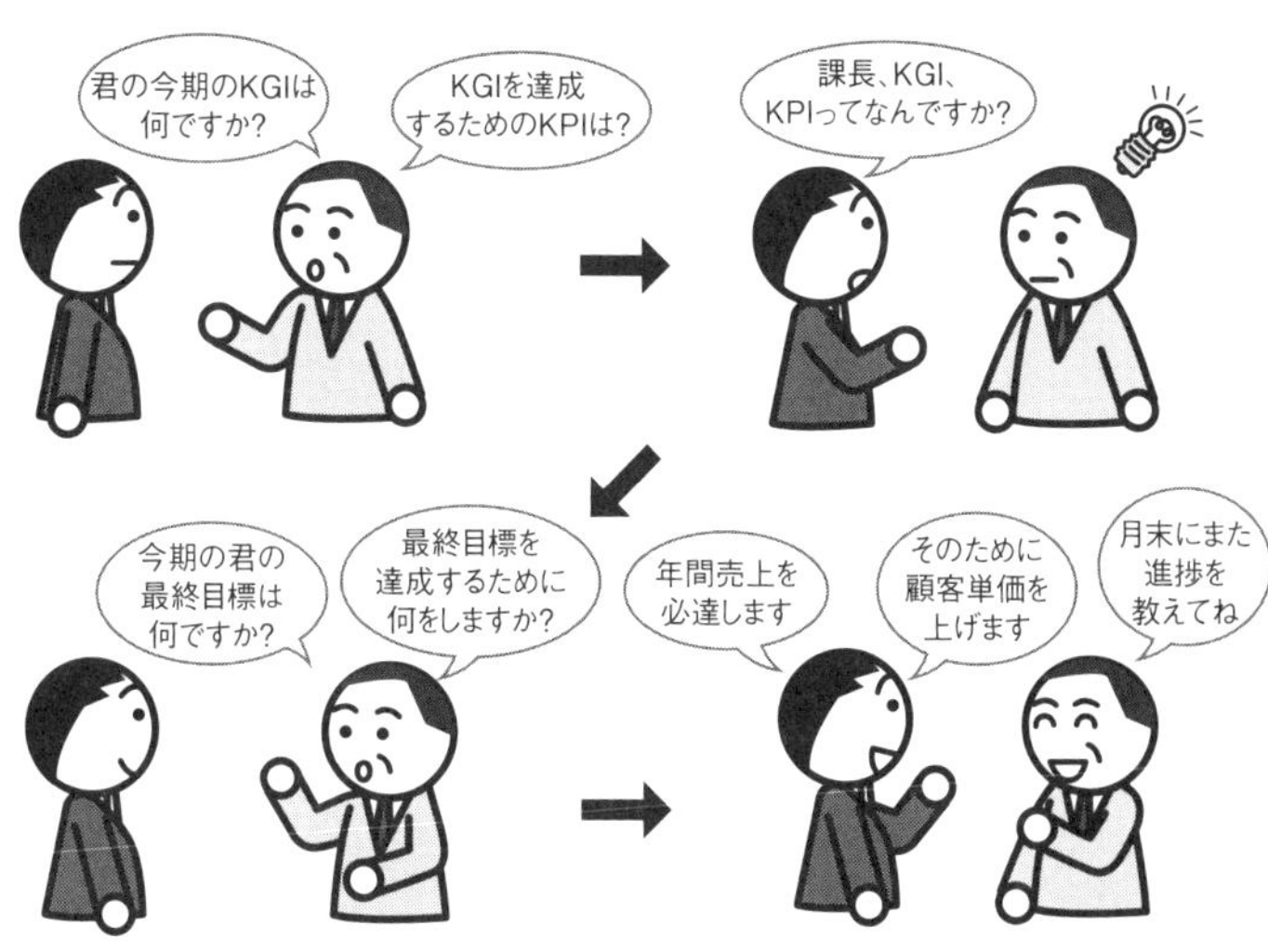

難しいことを難しく言うことは、話し手の権威を高めるかもしれないが、人には優しくない。ただの虚栄心の裏返しだ。

反対に、難しいことをわかりやすく語ることこそ本当の知性である。そういう人には虚栄心も劣等感もない。人に対する親切心と自分に対する信頼に満ちている。

自分の話していることが相手に伝わらない時、諦めるのをやめよう。**コミュニケーションに必要なのは「量と質」なのだ。**

相手があなたの話を理解できないようなら、理解できるようになるまで手を変え品を変え、何度でも話す覚悟をもつ。

そんな相手を思いやる気持ちがあって初めて、あなたの意図は伝わるし、相手もあなたのために動いてくれるようになる。

第65話 ウマの合わない相手こそ「良い点」を見つけて、そこに目を向ける

「あの人はここが良い」と決めてかかれば、相手も心を許す

人には、相性がある。

相性のいい相手ならいくら話をしていても楽しいし、多少嫌なことがあっても許すことができる。

しかし、相性の合わない相手とは、一緒に話をしていても楽しくないし、相手のやることなすことが気に障る。

仮にウマが合わなかったとしても、たまにしか会わない相手ならどうということもないが、毎日顔を合わせて働く上司や仲間がそうだと厄介だ。

第一次南極越冬隊の隊長として、メンバーを束ねることになった西堀栄三郎さんの話だ。

当初は気に入らなかったメンバーとどう付き合うかを考え、「チームとは一人ひとり個性の違った人間が集まってこそつくられるものだ」ということに思い至り、どこかいい点はないかと探し始めた。

ある時、目についた欠点が、実は自分たち

相手の良い点に目を向ければ、短所も長所となる

の足りないところを補ってくれる長所だと気づいた。その結果、長期にわたる越冬を日本人として初めて成功させることができたのだ。

アドラーによると、「一緒に仲良く暮らしたいのであれば、互いを対等の人格として扱う」ことが不可欠だ。

たとえ自分とウマが合わないと思っても、**共に働く以上、その人の中にある「良い点」を見ることは欠かせない。人間関係というのはこちらから、「あの人は良い点がある」と決めてかかれば、案外相手も心を許してくるものだ。相手の「嫌な点」ではなく、「良い点」に目を向ける。**

それでもダメなら、「適度な距離」を置いて付き合うと決めることだ。

第66話 「上司や先輩が教えてくれない！」と思った時は、こう考える

丁寧に教えてもらい過ぎない方が、実は成長する

仕事で失敗をした時、「上司や先輩がもうちょっと丁寧に教えてくれればこんなことにならなかったのに」と思ったことはないだろうか。

上司や先輩であれば仕事の肝もわかっているし、「どうすればうまくいくか」「どこに気をつければいいか」もわかっているはず。にもかかわらず、事前に教えてくれなかったとすれば、部下としては文句の一つも言いたくなる。

だからといって、どんな仕事も手取り足取り懇切丁寧に教えられればいいか、というと必ずしもそうではない。アドラーは、甘やかされた子どもについてこう話している。

「あまりに度を越して子どもを甘やかし、態度、思考、行為、さらには言葉において協力することを子どもにとって余分なものにすれば、子どもはすぐにパラサイト（寄生生物）になり、あらゆることを他の人から期待するようになる」

教えてもらうのが当たり前になってはいけない

甘やかされた子どもは、常に自分が中心であることを望み、周囲が自分のために尽くしてくれることを望むようになる。

それほどに甘やかされることの弊害は大きいし、誰もが甘やかし過ぎを「好ましいことではない」と感じている。

にもかかわらず、人はなぜか「誰もが甘やかしの対象となることを好む」というのがアドラーの指摘である。

仕事においても同じである。失敗は誰しも避けたい。だからといって、すべてを上司や先輩から指示を受けてばかりでは、甘やかされた子どもと同じになってしまう。

上司や先輩の厳しさ、それは「自分への期待の表れだ」と思って仕事をすると、成長スピードは格段に上がる。

第67話 他人を貶めて優位に立とうする人の心理

いつもマウンティングしてくる人の心の奥底を知る

何かにつけ、他人のやることにケチをつける人がいる。

例えば、仲間が大きな成果を上げれば、「あんなのはただのラッキーだ」と言い、同僚が先に出世すると「自分より能力がないくせに」と皮肉(ひにく)る。

これは、アドラーがアバディーン大学の教授アーサー・レックス・ナイトと滞在先のホテルで話をしていた時のエピソードだ。

二人の下にある青年がやってきて「お二人の紳士が心理学者であることは知っています。でも、私がどんな人物かを言い当てることは恐らくどちらにもできないと思いますよ」と挑戦的な言葉を口にした。

アドラーはじっと青年を見たのち、「あなたは非常に虚栄心が強いですね」と答えた。

アドラーによると、**「他人の価値を下げることで秀でようとすれば、そのことは弱さの兆候(ちょうこう)」**になるそうだ。

それは、この青年にも当てはまった。青年

下らない批判に屈するな

は自分が優越感をもちたいがために、著名な二人を使って貶めようとしたのだ。

アップルの創業者スティーブ・ジョブズは、自分たちの製品を批判ばかりする人に対し、「君は批判する側か、それとも何かをつくり上げる側か？」と問いかけることがあった。そこには何も生み出さず、ただ批判するだけの人への皮肉が込められていた。

成果を上げるのはしんどいし、努力が必要だ。しかも、ようやく上げた成果を他人から批判されるほど不快なことはないが、ただ批判するだけの人が何かを成し遂げることは決してない。

下らない批判に心を痛めるよりも、自分の信じることをやり続ける。ただの批評家は、やがて消え去るのだから。

第68話 真の勇気は、実践を通して身につくあなただけの宝物

「●●さんから勇気をもらった」の嘘

よく「●●さんから勇気をもらった」という言い方をする人がいるが、果たして勇気は、人からもらえるものなのだろうか？

アドラーの答えは「ノー」である。

アドラーは、「**勇気をスプーン一杯の薬のように与えることはできない**」と言っており、風邪薬の如く「勇気」という薬を飲ませることはできないと言うのだ。

大切なのは、**本人の意思であり、「やろう」という意欲である**。

「人は仕事で磨かれる」という言い方があるが、勇気も社会の中で、実践を通して身につけるものだ。アドラーはこう話している。

「**勇気が訓練されるのは、社会の中においてだけである。誰も勇気について考えることによって、あるいは、グループから離れ、勇敢になる決心をすることでは、勇敢になることに成功することはない。勇気は実践においてだけ学ぶことができる。すべての勇気の基礎は社会的な勇気、われわれの他者との関係の**

問題に直面した時に発揮されるのが「真の勇気」

中における勇気である」

仕事もそうだが、読んだだけ、聞いただけの知識や技術というものは、実践では案外役に立たない。知識は必要だが、現場で真に役立つのは実践で磨き、創意工夫をしたものだけだ。

勇気も同じである。どんなに勇気の出る物語を読み、テレビを見て「勇気をもらった」と言ったところで、現実の問題に直面した時に役に立つことはほとんどない。

日々の経験や実践を通して成功や失敗を繰り返すことで、問題に取り組む力や、最後までやりきる力が少しずつ身につくことになる。

それこそが、問題を前にして発揮される「真の勇気」である。

第69話 なぜお金を稼ぐことが目的になると不幸になるのか？

お金を適度にもち、仕事を愉快にやる人が幸福になる

「日本資本主義の父」と呼ばれる渋沢栄一さんは、５００を超える企業の設立や経営に関わっているが、決して「渋沢財閥」をつくろうとはしなかった。

ある時、三菱財閥の祖である岩崎弥太郎さんに料亭へ招待され、「君と僕が手を握り合って事業を経営すれば、日本の実業界を思うとおりに動かすことができる。二人で大いにやろうではないか」ともちかけられた。

明治経済界の重鎮である二人が手を組めば、確かに莫大な富を独占できる。しかし、自分一人の金儲けが目的でなかった渋沢さんは、「独占事業は目のくらんだ利己主義だ」と腹を立て、席を立ってしまう。

渋沢さんが目指したのは、国を富ませ国民を豊かにすることであり、自分が大富豪になることではなかった。

そのため財閥ほどにはお金は貯まらなかったが、「普通の実業家に比べたら国家社会のためになった点が多かろう」と述べている。

お金を稼ぐためだけに働くと心が貧しくなる

もちろんお金が不要というわけではない。

しかし、**「お金は適度にもち、仕事は愉快にやることこそが幸福につながる」**と言うのが渋沢さんの考えであり、だからこそ彼は今も多くの人から尊敬を集めるのだ。

アドラーも「お金を稼ぐ」ことを第一と考える人たちに対して、**「もしも子どもがお金を稼ぐことにしか関心がなければ、容易に協力の道から外れ、自分自身の利益しか探さないことになる」**と警鐘(けいしょう)を鳴らしていた。

「お金の稼ぎ方」を学ぶことで裕福になることはできるかもしれないが、共同体感覚が欠けていれば、誤った方法でお金を稼いだり、稼いだお金で誤った生き方をするかもしれない、というのがアドラーの考え方だった。

第70話 「好きなことだけして生きていく人」が失敗する本当の理由

好きなように生きても、周りに迷惑をかける人はうまくいかない

アドラーが1927年にアメリカで出版した『人間知の心理学』は、英語圏で最初に評判を得てミリオンセラーとなった本である。

「**人間知**」とは、アドラー研究の第一人者・岸見一郎さんによると、「共同体の中でどのように生きるべきなのか、他者とどのように関わればいいのか、どうすれば共同体の中で自分の居場所を見出すことができるかといった人間としての在り方の知」のことを指している。

時に、自分自身の生き方について、「好きなように生きていくのが一番幸せなんだ」と言う人がいる。一見、間違っていないし、今という時代に合った生き方にも思えるが、そこにアドラーの言う「人間知」が欠けていると次のようになってしまう。

「**仕事や学問における誤りは確かに高くつき嘆かわしいが、人間知の誤りは通常人生そのものにとって危険である**」

人は仕事や学問、勉強においてしばしば失

「好き勝手する」のと「好きなことする」は全く違う

敗し、誤りを犯す。ただ「誤りは正す」ことができるし、そうすることで、その後の成長の糧とすることもできる。

しかし「人間知の誤り」があると、自分の好きなように生きることで本人は幸せかもしれないが、それが周りの人に迷惑をかけたり、苦しめたりしていることに気づかないのだ。

そうすると、周りも辛いし、最終的には当人が周りから見放されたり、手痛いしっぺ返しを食うことになる。

仕事や学問の失敗はいくらでも取り返せるが、共同体感覚をもたない「今だけ、自分だけ」といった生き方は、結局自分も、周りも不幸にすることになる。

第71話 「倹約」は大切。しかし、「けち」はいけない

お金を上手に使うことは、人生を豊かに生きることと同じ

アメリカには鉄鋼王アンドリュー・カーネギーに代表されるように、「もてる者は積極的に慈善事業を行うべき」という考え方がある。

それについて、アドラーはこう言っている。

「個人の社会性は競争欲求が達成されれば特に顕著になる。ひとたび目標に到達し、財を成したアメリカ人は、なんらかの社会機関を設立しないと気が休まらないのである」

カーネギーや石油王ロックフェラー、ビル・ゲイツがそうであるように、彼らはすさまじい闘争心によって大成功をおさめる一方で、大学や病院、研究機関などを設立して、貧しい人のためにたくさんの寄付をする。

そこにあるのは、「お金は社会からの預かりもの」であり、自分たちのためだけに贅沢をするのは愚かである、という考え方だ。

こうしたアメリカの競争主義の背後にある公的な思想に、アドラーは魅了されたと言わ

れている。

アドラーは虚栄心や嫉妬と同じく厄介な性格として、「貪欲」をあげている。

お金や知識などを出し惜しみするのではなく、他者のため、社会のために惜しみなく使うことが大切だと考えていた。

アドラーはある時、「子どもたちは倹約を学ぶべきか」と問われ、「**倹約は教えるべきだが、けちであることを教えるべきではない**」と答えている。

お金をムダに使うのは愚かなことだが、かといって「よく使う」ことを知らないと、ただの守銭奴（しゅせんど）になってしまう。

お金の使い方が、「いつかは自分の人生に跳ね返ってくる」といわれているだけに、お金と賢く付き合うことが大切なのだ。

第72話 初対面の人に100%好かれる魔法のおまじない

「この人を絶対好きになる」と決めて会うと、その通りになる

初対面の人と会ったり、話をしたりするのは誰しも億劫（おっくう）な時があるものだ。さらに、そこで「嫌な顔をされたらどうしよう」とか「断られるの嫌だなあ」と思ってしまうと、つい腰が引けてしまいがちになる。

そうした、こちらの嫌な気持ちや不安な気持ちは相手にも伝わり、結局相手も同様の気持ちを抱くことになる。

そうならないために心がけたいのが、「自分の態度を決めてかかる」ことだ。

声をかける前から「この人を私は絶対に好きになる」「この人は私を絶対に好きになってくれる」と決めてから会う。それだけでこちらから声をかける勇気も出るし、相手をほめることもできるようになる。

人は他者とのかかわりの中で生きている。アドラーは、他者を「敵」ではなく「仲間」とみなすことが「共同体感覚」の核心となる、と言っている。

アドラーが「共同体感覚」という言葉を使

初対面の人に必ず好かれるとっておきの方法

うようになったのは、第一次世界大戦に軍医として加わってからである。

陸軍病院に入院してくる兵士が退院後、再び兵役につけるかどうかを判断する苦痛の多い任務だったが、そこでの経験を経て、アドラーはこう言うようになった。

「私たちはみな仲間です。どの国の人であってもコモンセンス（常識、良識）**のある人なら、同じように感じました」**

もしあなたが、人と会う時、話す時に不安を感じたら、「私たちはみな仲間です」というアドラーの言葉を思い出すことだ。こちらが態度を決めてかかれば、案外、相手も心を開いてくれる。

コラム

アドラー心理学を理解するためのキーワード⑥「勇気」

アドラー心理学は、「勇気の心理学」とも呼ばれるように「勇気」や「勇気づけ」をとても大切にしている。

アドラーによると、人生には取り組まなければならない3つの課題がある。「仕事の課題」「交友の課題」「愛の課題」の3つだが、これらの課題は決して避けることができない。

そこで、こうした課題に取り組み、解決しようと努力するのが「勇気があり、自信があり、リラックスしている人」である。

つまり、人生のよくある問題に対処することが「勇気がある」ということであり、人生のよくある問題に対処しないことが「勇気がない」ということになる。

勇気にも、本文でも触れたように3つの勇気がある。

①失敗をする勇気

人は失敗から多くのことを学ぶことで成長する。失敗を恐れて何もしないのではなく、失敗を恐れず挑戦し、失敗から学ぶことが重要である。

②不完全である勇気

失敗したことを認めたくないがために、失敗を隠す人がいるが、それは論外である。失敗を認め、回復し、再挑戦することこそが重要だ。

③誤っていることを明らかにする勇気

他人から失敗を指摘されることを極端に嫌がる人がいるが、対面や面目を保つことに汲々(きゅうきゅう)とするのではなく、失敗は素直に認めることが大切である。

このような勇気をもった人は、たとえ失敗したとしても、そこから立ち直り、再び挑戦することができる。

子育てや教育において最も大切なのが、子どもたちや社員たちがこうした勇気をもてるように「勇気づけ」することである。

第7章

「人を動かす人」になる練習

第73話 リーダーは「話し方」よりも「共感力」を磨きなさい

「話し方」で人は動かない。共感力のある人に、人はついていく

時に政治家の発言やパフォーマンスが国民の反発や怒りを買うのは、日々を懸命に生きる人々への思いやりや、やさしさが欠けているからだ。「こうすれば国民に受けるだろう」「こう言えば国民は親しみを感じてくれるだろう」という視点で発言するから、予想もしなかったような反発や反感を受けるのだ。**要は「共感」が足りないのである。**

アドラーはしばしば教師や親に、「あなた自身をこの子の立場に置きなさい」と説いている。どういう意味だろうか？

「**もしも私がこの子と同じ種類の心と人生をもっていたら、同じ種類の問題に直面するだろう。そして恐らく同じような仕方で答えるだろう**」

親や教師の「目線」からものを言うのではなく、「子どもの目で見、子どもの耳で聞き、子どもの心で感じる」ということだ。

テスラ・モーターズのCEOイーロン・マスクは、時に「クレイジー」と呼ばれる経営

人は共感力のある人についていく

者だ。しかし、同社初の量産車の工場で社員が悪戦苦闘していた時期には、社員と共に工場に何ヶ月も泊まり込んで問題解決に取り組んだ。こんな風に話している。

「私が床で寝るのは、ホテルに行けないからじゃない。ここで働く誰よりも悪い環境に身を置きたいからなんです。社員が苦痛を感じているなら、その何倍もの苦痛を感じたいんです」

トップが安全で快適な場所にいて、社員に何か言ったところで誰もついてこない。「共にある」ことは、苦境を乗り越える上で最も大切な姿勢なのである。

そこに**「共感」があってこそ人はリーダーや親、教師を信じるし、その言葉に耳を傾ける。**

第74話 人を動かしたい人が、絶対にやってはいけないこと

怒りは、人と人の距離を遠ざけるだけ。百害あって一利なし

優秀な営業マンAさんは、ある営業チームのリーダーに抜擢（ばってき）された。

張りきったAさんは部下に対して高い目標を課し、日々、厳しく指導した。しかし、時にそれが行き過ぎて感情を爆発させることも少なくなかった。

次第に、部下たちはAさんの顔色を見て動くようになっていった。

報告はAさんの機嫌のいい時を見計らって行い、悪い報告はなるべく後回しにした。

するとチームの業績は急降下、業績が落ち込んだことでAさんは、さらに部下に厳しく当たるようになったという。

このように人がミスしたり、失敗したりすると、怒りに任せて叱りつける人がいる。こうしたすぐ感情的になってしまう人について、アドラーはこう述べている。

「**非難され罰せられることが予期される場所を好きな人が誰かいるだろうか**」

怒りは、人と人の距離を遠ざけるだけだ。

悪い報告には「怒る」ではなく「ありがとう」

困ったAさんが元の上司に相談したところ、「部下の良い報告だけでなく、悪い報告に対しても『ありがとう』を言いなさい」とアドバイスをもらった。

以来、Aさんは部下の良い報告はもちろん、悪い報告についても「言ってくれてありがとう」と言うようになった。

やがてAさんとメンバーの間に信頼関係が生まれ、営業成績も上昇するようになった。

叱責で、人を変えることはできない。

それよりいい関係をつくることだ。いい関係ができれば、相手はその人の言葉を素直に聞くことができる。

そうすれば、ストレスは自ずと解消されることになる。

第75話 本当のチームワークは「仲の良いケンカ」から生まれる

リーダーの仕事は、メンバーが本音を言いやすい環境をつくること

グーグルによると、チームが成果を上げる上で大切なのは、**「心理的安全性」だそうだ。**

会議などで自分の意見を言う場合、メンバー全員が不安や恥ずかしさを感じることなく、正直に言える。そして、メンバーみんながその意見に耳を傾ける。そういう環境づくりが大切だ、と言うのだ。

例えば、会議でメンバーがユニークなアイデアを出したとしても、リーダーが「実現不可能なアイデアは出すな！」と一喝してしまうと、メンバーは委縮し、次第にアイデアを出さなくなってしまう。

何か言いたいことがあったとしても、「怒られるのは嫌だな」とか「反対意見を言って言い合いになるのは嫌だな」となって口をつぐんでしまい、形だけ同意することになってしまう。

それよりも、リーダーが、話し手の意見を遮る（さえぎる）ことなく最後まで聞き、メンバー同士で意見が対立しても無理に抑え込もうとしな

チーム内でムダな忖度（そんたく）をするな

オープンな議論ができないチーム

オープンな議論ができるチーム

いこと。そして、オープンな議論を推奨することだ。

大切なのは、アドラーの言う「**良い友人は人を怒らせることを恐れない。しかし、いつも人の幸福に関心がある**」である。

良いチームワークは、単なる仲良しクラブではダメだ。

もっと言えば、**メンバー同士で「仲の良いケンカ」ができることが重要なのだ**。

みんなが言いたいことを言い、そこからより良いものが生まれていく。そういう率直な姿勢から、真のチームワークは生まれる。

第76話

「60%くらいいけそうだ」と思ったら思い切って任せる

完璧な人などいない。自分も相手も失敗を経て成長する

人が成長する上で、また人を育てる上で最も大切なものは何だろうか。

アドラーによると、仕事や友情、愛の問題に立ち向かう上で欠かせないのが「**勇気**」となる。そして、「**不完全である勇気、失敗をする勇気、誤っていることを明らかにする勇気**」の3つの勇気のうち、**最も大切なのが「不完全である勇気」だと考えていた。**

「不完全である勇気」は、自分が失敗するかもしれないということを認めることだ。何かに挑戦する時、失敗してはいけないと思い込むと、その恐れから挑戦できなくなる。

また、失敗した時に失敗を隠そうとしてしまう。これでは何も達成できないし、成長もない。

そこで「不完全である勇気」が必要になるのだが、「不完全である勇気」は、人を育てる上でも欠かせない。

その達人といえるのがパナソニック創業者・松下幸之助さんだ。

100%を求めない。60%で任せる勇気をもつ

松下さんには、**「この人だったら60%ぐらいいけそうだと思ったら、もう適任者として決めてしまう」という思い切りの良さがあった**。もちろん理想は80%以上だが、そこまで育てるのは大変だ。

人に完璧を求め過ぎると、どんな人も採用できないし、任せることもできなくなってしまう。

それよりもたとえ60%でも思い切って任せてみる。すると、その人は仕事を通してメキメキと力をつけ、気づけば90%、100%の人になる。

最初から完璧な人などいない。

しかし、努力次第で完璧に近づくことができる。「不完全である勇気」は人が育ち、人を育てる上で最も大切なものの一つである。

第77話 野村監督流 弱小チームを最強チームに変える術

今あるものを武器にして、相手の弱みや隙をつく

「与件の中で戦え」は、私がかつてホンダの役員に教えてもらった言葉だが、この言葉を見事に実践していたのがプロ野球の名監督だった野村克也さんである。

野村さんが監督に就任したチームは、人気球団の阪神を別にすれば、お金や人材など決して恵まれたものではなかった。それでも5度のリーグ優勝を含めチームを3度の日本一に導いている。

野村さんが弱小チームで優勝できた最大の理由は、与えられた戦力で戦い抜く指導力があったからだ。こう話している。

「『人が足りない』『金がない』と、ないものばかりを探していたら番狂わせなど起こるはずがない。『何か使えるものはないか』と相手の弱みや隙を狙えばよい」

そうはいっても、「うちの会社にもうちょっと知名度があればなあ」と「ないものねだり」をした経験のある人は多いはずだ。

よほど恵まれた環境で仕事をしている人で

与えられた条件の中で最善を尽くす

ない限り、多くの人は「足りないもの」に悩まされながら仕事をしている。

時には「上司の理解のなさ」を嘆き、時には「思うように動いてくれない部下」のことを嘆くわけだが、現実にはその悩みが解消することはない。

そんな時、思い出したいのがアドラーの「**大切なのは何が与えられているかではなく、与えられているものをどう使うかである**」という言葉だ。

もしあなたが、部下や上司、会社のことを嘆いているとすれば、今すぐやめて、今できることに全力を尽くすことだ。

足りないものがあるからこそ、人は知恵を出し工夫をし、成長することができるのだ。

第78話 あなたは人前で、涙を流せる人か？ 涙を流してしまう人か？

場違いな涙は、人間関係を壊してしまう最悪のしぐさ

上司が部下のミスを指摘した時、部下がとる行動で最も困惑するものの一つが、部下の涙である。

なぜなら、涙には、反省がある一方「悲しんでいるのだから、もうこれ以上責めないで」「悲しんでいるのだから何とかして」という意思表示が含まれているからだ。

アドラーは怒りと同様に、悲しむ、泣くという行為も、人と人を引き離す行為と考えていた。**「悲しんでいる人は、元来、告発者であって、そのことで、周りの人と対立するから」**である。

アドラーの言う通り、泣く人は上司の指摘や言動に対する告発者であり、批判者でもある。

またアドラーは、**「涙と不平は協力をかき乱し、他者を従属させるための極度に効果的な武器である」**とも言っていた。

それほどまでに「泣く」という行為は、他者にとって反論できない状況をつくり出し、

涙を武器に人を従属させてはいけない

居心地の悪さを感じさせることになる。

だからこそ人は、涙を流して泣くことに注意深くなければならない。

第一次南極越冬隊隊長を務めた西堀栄三郎さんは**「リーダーというのは、涙を流せるような人間でなくちゃいかん。だけど、人に涙を見せてはいけない」と言っていた。**

部下は、リーダーに甘えることがあってもいい。

しかし、リーダーは決して部下に甘えてはいけない。そして、涙を見せてもいけない。それが上に立つ人間の覚悟である。

涙は有効な武器である。ただ、間違っても泣くことを自分が優位に立つための道具として使ってはならない。それは人と人の関係を壊すものであることを知っておくべきだ。

第79話 なぜ「リーダーは不安な時こそ笑え」と言われるのか？

部下はリーダーの心を読み取る達人。不安を見せてはいけない

プロ野球の名将として知られる野村克也さんによると、戦いは「戦力」「士気」「変化」「心理」の4つが重要だという。

中でも「士気」が重要で、特に現場で「選手に見られている」監督の一挙手一投足が、チームの士気に大きな影響を与えるという。

例えば、相手投手にストライクがまったく入らず、自軍の先頭バッターが四球で歩いたとする。

すると、味方選手はみな「今日の相手ピッチャーは調子が悪いらしい」と思って色めき立つ。

にもかかわらず、監督が慎重になり過ぎてバントのサインを出すと、選手はみなあきれてしまって、士気が大きく低下するというのだ。

反対に勝敗が決していないにもかかわらず、大勝ムードの試合で監督が「勝ったも同然」とばかりに「油断」をしてしまうと、それが選手に伝染しせっかくの勝利をふいにし

てしまうこともある、という。これほどまでにリーダーの弱気や油断は、部下に伝わるのだ。

これがアドラーの言う「**勇気は臆病と同様に伝染するものである**」だ。

上に立つ者は、いかなるピンチの時でも決して悲観的になってはいけないし、好調だからと油断してはいけない。

赤字企業の再建を何度も成功させてきたある経営者は、「自分が墓場で口笛を吹かなかったら誰が吹くんだ」と言うほどに、社員の前では陽気に振る舞うことを信条としていた。

このように、周りが不安な時こそリーダーは無理にでも笑った方がいい。そうすれば、みんなも少しだけ元気になることができる。

第80話 誰かを動かそうと思ったら、まず自分から動きなさい

人は思い通りに動いてくれない。だからこそ自分から動け

ある製造会社の再建のために、親会社から派遣されたA社長の話だ。

Aさんが出社して最初に驚いたのは、社員のほとんどが挨拶をしないことだった。

ものづくりは、人と人とが力を合わせて行うものだ。人から人へ、前工程から後工程へと受け渡すことで、ものはできあがる。にもかかわらず、現場で社員同士が挨拶をしないと、何が起きるか？

ここで不良品ができる、生産が遅れる、といったトラブルが起きたとしよう。

本来、トラブルが起こったら関係者全員が集まって、どうするかを考え、改善策を考えるわけだが、挨拶をしない現場というのは改善が思うように進まない。**なぜなら、コミュニケーションが円滑にとれないからだ。**これでは良いものもできるはずがない。

そこで、Aさんは、工場に毎朝・毎夕、顔を出し、「おはよう」「ご苦労さん」と大きな声で挨拶をして歩くようにした。

あなたが動けば周りも変わり始める

Aさんが「挨拶しろ」と言わなかったため、最初は挨拶を返す社員はほとんどいなかった。が、やがて小さな声だが、いく人かから挨拶が返ってくるようになった。

Aさんがさらに続けていると、時折「社長、実は……」と相談をしてきたり、改善の提案をする社員が出始めた。数ヶ月経つと、社員全員が挨拶を交わすようになった。以来、トラブルが起こっても、すぐに改善策が出され、実行されるようになった、という。

アドラーは言う。「誰かが始めなければならない。他の人が協力的でないとしても、それはあなたには関係ない」と。

周りが何かをしてくれないと嘆くより、まずは自分から始める。それを見て、周りも少しずつ変わり始めるのだ。

第81話 「ピンチ」の時、周りが自然と助けてくれる人になるには？

周りが「何をしてくれるか」ではなく自分に「何ができるか？」

「あなたの国があなたのために何ができるかを問うのではなく、あなたがあなたの国のために何ができるかを問うてほしい」

１９６１年1月、アメリカの第35代大統領ジョン・Ｆ・ケネディが就任時に行った演説の中で、最も有名なフレーズである。

「私が当選したら○○をします」は、日本の選挙演説ではおなじみだが、選挙の際、候補者は有権者の得になりそうなことばかり並べ立てることで、人々の関心を引こうとする。

一方ケネディは、共産国・ソ連との闘(たたか)いだけでなく、「人類共通の敵である圧政や貧困、疾病、戦争との闘い」を国民、そして世界に呼びかけた。

そしてアメリカ国民に対して自己利益を超えて、自分たちの国のために働くことを強く訴えている。その言葉に新しい時代を感じた人々は、とても多かった。

アドラーは、人はみな不完全で一人では困難に立ち向かえないからこそ、お互いに補い

人に何かをしてもらうことばかり考えない

人が自分に何をしてくれるのか という思考の人

自分が人に何ができるか という思考の人

合い、協力することで大きな能力を発揮できると考えていた。こんな言葉を残している。

「精神的に健康な人は、他者が自分に何をしてくれるかではなく、自分は他者に何ができるかに関心をもっている」

アドラーが伝えようとしていたのは、他者の存在を認め、他者に関心をもち、他者を助けるという意識である。

人は、つい周りの人が自分に何をしてくれるのかばかりに関心をもちがちだが、**大切なのは「自分が他者に何ができるか」である**。

まずは、**自分が相手のために何ができるのかを考える癖をつける**。そうすれば、自然と周りもあなたを助けてくれるようになる。

第82話 失敗した人には「罪を憎んで人を憎まず」の気持ちで接する

「お前はダメだ」といった人格攻撃は、絶対NG

仕事でミスや失敗を犯した時、「だから、お前はダメなんだ」とか「なんでこれくらいのことができないんだ」と、失敗した人の存在そのものを否定するような言い方をする人がいる。

いくら失敗したからといって、こんな人格攻撃をされると、言われた方は自信を失い、精神的にも深刻なダメージを受ける。

時には言った相手に対して、強い恨みを抱きかねないほど心に深い傷を受けるケースもある。

社会人経験のある人でさえそうである。まして や、社会人経験の浅い新入社員が、いきなり上司からこんなことを言われたら、前に進む勇気どころか、出社拒否にさえなってしまいかねない。

こういう相手の気持ちを考えないもの言いや、やり方についてアドラーは、「**賞罰は、成功した、あるいは失敗した行為に対してなされなければならず、人格に対してなされて**

ミスした人の人格を攻撃してはいけない

はならない」と指摘している。

つまり、怒りを爆発させる、嘲笑する、不平を口にする、といったことは避けるべきだということだ。

失敗した人に対する適切な接し方は、「なぜ失敗したのか?」を考えさせ、「同じような失敗をしないために、今後どうすればいいか」を教訓として学ばせることだ。

成功を讃え、失敗を注意するのは当然のこと。しかし、そこに人格否定をからめては絶対にいけない。劣等感を生み出し、殻に閉じこもらせ、恨みを募らせるような言動は、絶対NGである。

「罪を憎んで人を憎まず」は難しいことだが、人と人の信頼関係を築く上で、とても大切なことである。

第83話 イノベーションは、多数決ではなくたった一人の熱狂から始まる

時にみんなの当たり前に、疑問をもってみる

イノベーションが、多数決から生まれることはない。その多くは一人の異端者のとんでもない情熱から生まれる。

そう考えると、会議などで大多数が賛成するアイデアよりも、大半が反対するようなものの方が、イノベーションにつながりやすいのだ。

みんなの当たり前に「本当なのか？」と疑問をもつことがイノベーションの出発点となるし、多数決から「世界を変える」アイデアが生まれることはないと考えてよい。

アドラーは、「**コモンセンス**（共通感覚）**は、必ずしも『常識』あるいは『大多数の人の考え』とは限らない**」と言っている。つまり「世の中の常識」や「みんながイエスと言っている」からといって、それがそのままコモンセンスにはなりえない、というのだ。

一方でアドラーは、人と人がかかわりあっている共同体で生きていく以上、「自分だけに通じる言葉ではなく、言葉と論理とコモンセン

いつも「多数意見」が正しいとは限らない

センス（共通感覚）を使って他者とかかわらなければならない」とも言っている。

仮に、コモンセンスを欠いている人間がいた場合、「今だけ、自分だけ」という自己中心的な考え方になってしまうからだ。

「人は一人で生きているのではなく、他の人との間で生きており、互いに協力し合うことでより良く生きることができる」とも言っている。

もちろん「コモンセンス」とイノベーションはまったく違う次元の話だ。

しかし、**「正しさ」と「多数の意見」は必ずしもイコールでないことを知っておくと、日頃から周りの人とコミュニケーションをとっておき、いざという時に協力してもらうことがいかに大切かがよくわかる。**

第84話

「罰する」のではなく「信じる」。それで人は劇的に変わる

大切なのは、相手のもっている可能性を信じ、勇気づけること

スティーブ・ジョブズが子どもの頃の話だ。

いたずらばかりして周りの大人を困らせていたジョブズ少年は、小学4年生の時、ヒル先生に出会ったことで人生が一変する。彼女はジョブズを信じ、ご褒美をうまく使いながら根気強く指導したのだ。

以来、いたずらよりも勉強に関心が向いたジョブズは、秘めていた才能が開花、飛び級をするほど成績が向上したという。

この時の経験を下にジョブズは、「子どもの頃にほんの少し道を矯正（きょうせい）してやるだけで、その後に大きな違いが出る」と、教育の力を信じるようになったそうだ。

アドラーによると、「**子どもが変わるとすれば、思いがけない成功をおさめた時、あるいは、厳しいだけの担任から、子どものことを理解し、熱心に話し、子どもがもっているわずかな勇気をくじかないようにする担任に代わるといった状況からである**」そうだ。

人は信じて勇気づけると変わる

これまでに経営不振に陥った企業をいくつも再生させてきた日本電産創業者・永守重信さんによると、今は赤字でも工場がきれいになって、社員が休まず会社に来るようになるだけで会社は黒字になるという。

企業再建というと、どうしてもリストラのイメージが強いが、トップが代わって本気で経営に取り組めば、社員は当たり前のことを当たり前にやれるようになる。

結果、社員の首を切らなくても企業は再建できるというのだ。

人は罰するだけでは、変わらない。その人の可能性を信じ、勇気づけや方向づけのできる人がいてこそ、人は驚くほど変わることができる。

著者略歴

桑原　晃弥（くわばら　てるや）

１９５６年、広島県生まれ。経済・経営ジャーナリスト。慶應義塾大学卒。業界紙記者などを経てフリージャーナリストとして独立。トヨタ式の普及で有名な若松義人氏の会社の顧問として、トヨタ式の実践現場や、大野耐一氏直系のトヨタマンを幅広く取材、トヨタ式の書籍やテキストなどの制作を主導した。一方でスティーブ・ジョブズやジェフ・ベゾスなどのＩＴ企業の創業者や、本田宗一郎、松下幸之助など成功した起業家の研究をライフワークとし、人材育成から成功法まで鋭い発信を続けている。著書に、『スティーブ・ジョブズ名語録』（ＰＨＰ研究所）、『スティーブ・ジョブズ結果に革命を起こす神のスピード仕事術』『トヨタ式「すぐやる人」になれる８つのすごい！仕事術』『松下幸之助「困難を乗り越えるリーダー」になれる７つのすごい！習慣』（笠倉出版社）、『ウォーレン・バフェット巨富を生み出す７つの法則』（朝日新聞出版）、『トヨタ式5W1H思考』（KADOKAWA）、『１分間アドラー』（ＳＢクリエイティブ）、『amazonの哲学』『トヨタはどう勝ち残るのか』（大和文庫）、『運を逃さない力』（すばる舎）などがある。

カバーデザイン：池上幸一
DTP　：朝日メディアインターナショナル（株）
イラスト　：久保久男
企画・編集　：越智秀樹・美保（OCHI企画）

もう他人に振り回されない！アドラー式「ストレスフリーな人」の７つのすごい！仕事術

2021年6月6日　初版発行

著　者　桑原晃弥
発行人　笠倉伸夫
編集人　新居美由紀
発行所　株式会社笠倉出版社
〒110-8625
東京都台東区東上野2-8-7　笠倉ビル
営業☎0120-984-164
編集☎0120-679-315
印刷・製本　株式会社光邦

ISBN 978-4-7730-6131-4